法学教育教学改革与法治人才培养研究

张雅洁 著

中国原子能出版社

图书在版编目（CIP）数据

法学教育教学改革与法治人才培养研究 / 张雅洁著 . -- 北京 : 中国原子能出版社，2022.7

ISBN 978-7-5221-2040-9

Ⅰ．①法… Ⅱ．①张… Ⅲ．①法学教育－教学改革－研究－高等学校②高等学校－法律－人才培养－研究－中国 Ⅳ．① D90-42 ② D92-4

中国版本图书馆 CIP 数据核字（2022）第 139731 号

法学教育教学改革与法治人才培养研究

出版发行	中国原子能出版社（北京市海淀区阜成路 43 号　100048）	
责任编辑	杨晓宇	
责任印刷	赵　明	
印　　刷	北京天恒嘉业印刷有限公司	
经　　销	全国新华书店	
开　　本	787mm×1092mm　　　1/16	
印　　张	11.25	
字　　数	214 千字	
版　　次	2022 年 7 月第 1 版	
印　　次	2022 年 7 月第 1 次印刷	
标准书号	ISBN 978-7-5221-2040-9	定　价 72.00 元

网　址：http//www.aep.com.cn　　　　E-mail：atomep123@126.com

发行电话：010-68452845　　　　　　版权所有　翻印必究

前　言

全面依法治国背景下，高校法学教育的科学定位要顺应国家对法学教育的需求，坚持德育为先、能力为重、全面发展的要求，创新法治人才培养机制，提高法治人才培养质量，完善中国特色社会主义法治理论、学科、课程体系，加强教师队伍建设，深化法学教育综合改革，为全面推进依法治国提供强有力的人才智力支撑。

本书第一章为绪论，主要从法学基本理论、法学教育概述、法学教育的时代要求、法学教育教学改革的目标等方面出发展开论述。本书第二章讲述了法学教育教学方法的改革，主要从中国法学教育教学方法的历史与现状、法学教育教学方法改革的必要性、法学教育教学方法改革的目标模式、法学教育教学方法改革的实现机制等方面出发展开论述。本书第三章为法学教育实践教学模式的探索，对法学实践教育原理、法学教育实践教学目标指引性设计、法学教育实践教学模式系统化建设、法学教育实践教学形式多元化发展进行了分析。本书第四章为法学教育教学师资队伍建设，主要从法学师资队伍的现状、法学教师的素质要求、法学师资队伍建设的思路三方面展开论述。本书第五章为现代法治人才培养，从法学教育的人才培养目标、法治人才培养的根本遵循、法治人才培养的时代使命、法治人才培养的路径探索几方面展开论述。本书第六章为法学教育教学质量定位及保障措施，主要从法学教育教学的质量定位、法学教育教学质量定位及保障措施两方面展开论述。

在撰写本书的过程中，作者得到了许多专家、学者的帮助和指导，参考了大量的学术文献，在此表示真诚的感谢。本书内容系统全面，论述条理清晰、深入浅出，但由于作者水平有限，书中难免会有不足之处，希望广大同行及时指正。

目 录

第一章 绪 论

本章主要对法学基本理论、法学教育概述、法学教育的时代要求、法学教育教学改革的目标四个方面进行了阐述与分析。

第一节 法学基本理论

一、法学的本质

关于法学本质问题，近代学界有不同观点，有代表性的观点有以下四种。

（一）法学是实证科学

近代自然科学的兴起、迅速发展及其对人类社会发展的巨大历史作用，使一些人对自然科学推崇备至。他们认为自然科学的理论和方法同样可以用来研究人类社会，并且认为只有这样才能获得正确可靠的知识，包括法学在内的一切学科都应当向自然科学看齐，建成像自然科学那样的实证科学。在法律研究中，近代许多法学家采用机械物理学、生物进化论等自然科学的理论来解释法律现象。

（二）法学是形式科学

这是基于将科学分为经验科学和形式科学分类而对法学做出的界定。这种分类认为，经验科学包括自然科学、社会科学，以搜集、分析和处理具体的经验事实为主要内容；形式科学包括逻辑学、数学，以讨论普遍的形式演算为主要内容，它关注思维的、语言的纯形式方面，不涉及其内容或价值取向。

（三）法学是人文科学

很多人文科学的学者都将法学划入人文科学的范畴。人文科学以文化为研究对象，而文化包括了宗教、法学、史学、哲学、政治、经济学等科学的一切对象。英国《大不列颠百科全书》也将法学归入人文科学之列。在中国，虽然很少有人明确将法学归入人文科学之列，但近年来法学界有些学者按照人文科学的研究思路进行法学研究。

（四）法学是社会科学

中外学术界，尤其是中国学术界，通常都将法学划入社会科学的范畴。《牛津法律大辞典》《中国大百科全书》等都将法学归入社会科学之列，我国出版的各种法理学教材几乎不约而同地将法学归入社会科学之列。《中国大百科全书》对法学的解释是："法学，又称法律学、法律科学，是研究法这一特定社会现象及其发展规律的科学，属于社会科学的一个学科。"

上面对法学是什么科学的回答，实际上道出了法学的不同维度。每一维度都有其特定的观察视角、分析方法和研究特色，它们实际上是相互补充的。人类迄今为止拥有的知识，按照构成和存在方式的不同，大致可以归结为三种不同形态，即有关社会的、有关人文的和有关自然的，各种知识门类都被归入这三种形态。因此，按照这一对知识形态的概括方式，人们一般将科学划分为自然科学、社会科学和人文科学。在这一分类标准下，我们倾向于把法学界定为一种存在于社会科学和人文科学之间的知识形态。法学以法律现象为研究对象，考察法的产生、发展及其规律，各种法律规范、法律制度的性质、特点与相互关系，研究法的内部联系和调整机制，法与其他社会现象的联系、区别及相互作用，因此具有社会科学的性质。同时，法律又是人们生活意义的规则体现，是规则与意义的结合，法学要解决不同民族、不同国度人们生活所面临的问题，要为人们在规则下生活提供精神导向，因此又具有人文科学的性质。

二、法学的研究对象和体系

（一）法学的研究对象

法学的主要研究对象是法、法律现象。法学始终与法律相关、与法律现象相关，所涉及的问题主要是法律问题，因而不同于自然科学、其他人文社会科学。当然，法学的研究内容非常丰富，涉及法律现象的方方面面。正因为如此，所以有学者认为，法学既然是以法的现象及其规律为研究对象的一门系统的科学，就必须对其研究对象进行全方面的研究，既要考察、研究法的产生、发展及其规律，又要比较研究各种不同的法律制度以及它们的性质、特点及相互关系；既要研究法的内部联系和调整机制等，又要研究法与其他社会现象的联系、区别及相互作用；既要对法进行静态分析，又要对法进行动态研究。还有学者认为，法学研究的内容是法律的内在方面和外在方面，包括法律的事实、形式、价值，西方社会法学、规范法学和自然法学三大法学流派研究的重点大体对应于此三者。

（二）法学研究的具体目的

法学研究的目的即法学家研究工作的主观目标。从总体来看，法学研究有三大目的，各家的侧重点各有不同：①伦理目的，即为了发现或探究法律的一般规则和原则，为公正安排社会关系及解决社会纷争找到合理的交往模式或法律框架；②科学目的，即法学研究追求的是发现法律规律，认识法律的本来面目；③政治目的，即法学研究是为了给统治者的统治出谋划策，或者相反，是为了证明、揭露法律的毛病，从而在政治上否定它。一般来说，法学研究的三大目的不同程度地存在于法学家所追求的目的之中。虽然西方有些法学家追求法学研究的价值中立，但这实际上难以完全做到。

（三）法学的体系

法学（学科）体系是由法学各个分支学科构成的有机联系的统一整体，法学内部分出许多分支是近现代法学发达的产物。而如何划分法学的分支学科，并没有一致的标准和做法。

按照当今我国多数学者的观点，法学学科可以具体划分为理论法学、应用法学和边缘（交叉）法学三部分。理论法学分为法理学和法律史学，而法律史学又分为法律思想史（中国法律思想史和西方法律思想史）和法制史（中国法制史和外国法制史）；应用法学分为比较法学、国内法学（含宪法学、民法学、刑法学、行政法学、经济法学、诉讼法学等）、国际法学（含国际公法学、国际私法学、国际经济法学等）、外国法学（含外国的部门法学）；边缘（交叉）法学主要是法学与其他社会科学、自然科学、人文科学相结合的产物，如法医学、法律心理学、法律经济学、法律社会学等。

第二节　法学教育概述

一、法学教育的性质

要培养什么样的法治人才是法学教育的基本定位，也是推进法学教育改革首先必须解决的问题。关于法学教育的性质，分歧和争论由来已久。法学教育究竟是精英教育还是大众教育，是职业教育还是通识教育，还是二者的兼容或结合，理论界和实务界一直难以达成共识。

有学者认为，法学教育应具有通识教育和公民教育的性质："法学教育的首要任务乃培育高素质公民。"也有学者认为，法学教育主要是职业教育和精英教育："培养理论功底深厚且实践技能丰富的法律专业人才，是我国高等法学教育的一个明确的目标。""法学教育的核心，应在于培养学生对于我国主要的实体法、程序法具备全面的知识，以及进行法律解释与适用的能力。这些知识和能力应足以胜任法院的民事（包括商事）、刑事、行政审判的基本工作，将来经过短期学习即可胜任全部类型的审判工作。""从事法律职业的人员应当掌握法学学科体系的基本知识，具备法律职业的基本素养，具备从事这一职业的基本技能。"还有学者认为，法学教育的目标是造就具有健全人格的大批法律职业者、培育职业法律家群体，培养大量高素质的法律人。法学教育具有内在的二重性，从法学在大学教育中的地位来看，它表现为职业教育和人文学科的理论教育的二重性；从其培养目的来看，它表现为实践性人才的训练和学者型人才的培养的二重性；从其教学内容来看，它表现为法律职业的特定技巧、道德和思维与法学的知识体系和人文理论培养的二重性。在我国当前的国情下，开展法学教育应兼顾职业教育与素质教育，实现精英教育与大众教育相结合。随着依法治国实践的不断深化，法学类专业要求学生对社会有更深刻的认知和体会，因此，它不能仅仅是法学理论部分的知识教授，而且要涉及人文社会科学，甚至自然科学范围内的一定知识体系。但同时，法学并不仅仅是教会学生如何做人和如何学习，而是更注重培养出专业知识扎实、专业技能过硬的法律工作者及其后备队伍。从这个意义而言，它更具有职业教育的特色属性。

二、法学教育面临的新形势

自改革开放以来，我国社会主义法治建设与法学教育事业迅速发展，培养造就了大批优秀的法治人才。但与法治国家建设面对的新形势、新任务和新要求相比，法学教育和法治人才培养仍然存在一些亟待解决的问题，如专业课程建设不够，东、西部地区法学教育资源和教师队伍建设差异显著，法学教育与国家法律职业资格统一考试难以契合，法治人才培养尚未适应行业法治化的具体要求等。在建设中国特色社会主义法治国家的背景下，法学教育改革必须首先认清当前面临的新形势和新挑战，其次及时发现法治人才培养过程中的问题，最后找到问题的症结所在并及时解决问题，方能有效提高法治人才培养质量，从而为法治国家建设提供人才保障。具体来说，当前法学教育面临的新形势主要有以下几点。

（一）经济发展的新常态

自改革开放后，经济飞速发展促进了我国经济创新力和竞争力在国际地位上的稳步上升。目前我国经济已经进入新常态的发展局面。在经济发展新形势下，市场自由更多应该由市场来管，市场秩序更多由政府来管。为此，需要有掌握新常态经济发展趋势的法治人才来助力我国经济发展。因此，培养理解和掌握经济新常态发展特点的法治人才是新时代法学教育的基本要求。

（二）法治建设的新发展

我国自改革开放以来，在法治建设方面取得了丰硕成果：第一，以宪法为中心的中国特色社会主义法律体系确立。一切国家机关、社会组织和公民必须在宪法和法律的范围内活动，坚持宪法和法律至上，人民依法享有管理国家事务和社会事务、管理经济和文化事业的各项权利。第二，全民守法意识和法治观念普遍增强，全社会自觉学法、守法、用法的文化环境逐渐形成。第三，国家尊重和保障人权的宪法原则深入人心。国家一贯强调通过宪法和法律保障公民的基本权利，保证全体社会成员平等参与、平等发展、共同监督、共享发展成果的权利。

（三）科学技术的新突破

现代信息技术日新月异，人类社会进入信息化社会，进入大数据、云计算、"互联网＋"时代，信息社会和网络时代极大地改变了人们之间的交往行为和交换信息的方式。这对法学教育和法治人才培养同样产生了深刻影响，形成许多新的挑战。第一，信息技术对传统课堂授课模式的挑战。互联网技术打破了传统授课模式的时空限制与资料规模的限制，使学生的学习与教师的交流讨论可以随时进行。第二，信息技术促使法学教育与其他学科产生深度融合，跨专业、跨学科研究促进了法学理论体系与法学学科体系的发展。第三，信息技术对法学教学方式的影响，尤其是移动互联网、云计算、大数据等新技术力量促进了慕课、微课、翻转课堂、在线课程等新的教学方法在法学教育领域的广泛使用。根据信息社会的发展要求，建设法治国家需要大量懂法治、懂现代信息技术、懂信息管理的多元法治人才，这就需要充分利用现代信息技术探索并推广利用依托信息技术的多样化教学模式和教学方法。

（四）人类命运共同体的构建

在经济全球化时代，一个国家的法学教育不仅仅是为自己国家的利益服务，而且应基于经济全球化背景站在超越国家利益的人类命运共同体的立场，使法治人才具有经济全球化意识和处理问题的思维方式，以适应经济全球化背景下法学教育的新要求与新发展。特别是在"一带一路"倡议和粤港澳大湾区发展战略的要求下，我国法学教育改革将主要围绕人文化、精英化、规范化、国际化目标展开，法学教育改革必须结合经济全球化发展的背景与特点，将培养涉外高端法治人才作为其重要目标。因此，法治人才也应具有人类命运共同体意识，努力为世界和平与发展做出新的贡献。

（五）法学教育职业化

法学教育的职业性具有鲜明的专业导向特征。自1949年以来，我国法学教育取得了巨大的成就，成为世界上发展速度快、规模最大的法学教育大国，建立了以学位教育为主、其他教育为辅、学历教育和在职培训相衔接的法治人才培养体系，中国特色社会主义法学教育体系基本形成。从规模上看，法学教育在整个高等教育中占有很大比重，但从目前法学专业毕业生的就业形势来看却并不尽如人意。在建设法治中国的背景下，中国法学教育理应进入真正的"黄金时代"，但实际上却面临着"饱和危机"和巨大的竞争压力。如何化解我国法学教育面临的困境，使法治人才培养能够符合全面依法治国的需求，法学教育职业化是未来法学教育改革的发展路径之一。法学教育的主流应当转向定位于法律职业主义，已经基本上达成共识。法治国家的法律职业共同体不仅应当具有共同的教育背景、知识构成，还应当接受过充分的职业训练并具有娴熟的职业技能。纵观世界其他国家，法学教育的职业化培养方向十分明确，如美国法学教育明确以培养律师为目标；德国法学教育重在培养法官、检察官及高级行政官员；日本法学教育强调以培养司法人员为中心。"法学院作为法学教育的机构，其主要职能是为法律职业培养人才，其中主要是培养实务型的法律人才（如律师、政府的法律官员、法官、检察官、公司法律顾问），而不是理论型的人才（如法律教授、学者和法哲学家）。"世界各国在法学教育的目的设定上之所以大多以培养法律职业人员为主，就是因为法学教育本身具有实践性、应用性特点，法治人才培养应根据社会各行业的需要与要求，设计相应的培养目标与方案，以培养社会各行业所需要的法治人才。

法学教育一方面必须有法律的基本知识性，另一方面必须有法律职业的基本要求。所谓法律职业的基本要求，就是通过法学教育使法治人才掌握法学学科和法学专业的基本知识，拥有法律职业要求的基本技能、职业伦理和基本职业素养。在全面依法治国的新时代，法律职业者不仅应当精通法律专业知识，而且能够熟练运用法律原理和法律规范分析并解决问题。法律职业的实践性特质要求法治人才培养应当考虑到知识教学和实践教学的结合，以法律职业的具体要求为导向设计法治人才培养方案和培养模式。

三、法学教育的新特点

（一）以人民为中心的新发展理念

以人民为中心的新发展理念，要求在法治人才培养过程中，应始终贯穿坚持人民主体地位的基本立场和价值取向，并以此为指引设计法治人才的培养方案。法治人才培养的基点问题，即怎样才能做到以人民为中心、以学生为中心，是我们必须考虑的一个根本性的问题。这就是新时代下新发展思想和新发展理念带给我们的新的历史任务和使命。在以人民为中心的新发展思想指引下，未来的法学教育应坚持三个基本方向：第一，以人民为主体。以人民为主体的最终目的，就是为了人民、依靠人民。体现在法学教育领域，就是要坚持法学教育的目标导向与问题导向相统一，在法学教育的各个环节、每个方面都应贯彻落实以人民为主体的基本理念。第二，以人的全面发展、社会全面进步为法学教育的根本基点。人的全面发展既是党和国家全部工作的出发点和落脚点，也是法学教育和法治人才培养的出发点和落脚点。第三，权利本位是法学教育应当始终坚持的重要理念。权利本位指在国家权力与公民权利的关系中，公民权利是决定性的、根本的；在法律权利与法律义务之间，权利是决定性的、起主导作用的。法学教育是满足人民群众日益增长的对法律的总需求的"济世之学"，唯有让每个公民都能受到普惠性的法学教育，才能不断获得对自身创造力、权利本位、幸福感的认同度、满意度，以及对加快推进"法治中国"建设的支持度。以人民为中心的法治人才培养观，实质上就是通过法学教育培养的法治人才应当符合人民的需求，以人民的利益为出发点和逻辑起点设计法治人才培养方案和培养机制。

（二）与法治实务部门协同育人

众所周知，法治人才培养的第一阵地是高等院校，第二阵地就是法院、检察院等法治实务部门。鉴于法学教育具有鲜明的职业特征，高素质法治人才的培养需要国家、社会相关单位的协同合作才能完成，高校法学教育仅是法治人才培养链条上的一个重要环节。法治人才的培养不仅需要高校有规范化、系统化的法学教育机制，而且需要法院、检察院等政法机关和律师事务所等社会单位紧密合作，建立起完整的制度化协同培养机制。目前，在实践中已经形成了一些好的做法和举措，如最高人民法院建立的"法律研修学者""法律实习生"制度，支持和鼓励各级法院与相关高校建立更多、更规范的教学实践基地和实习基地，并通过联合培养等多种方式，实现人民法院在法学学生招录、培养过程中的"全程参与、全程跟踪"；最高人民检察院建立的"双千计划"激励机制，制定高校教师挂职的职级标准，加大高层次法律人才培养锻炼力度，加大对西部地区的政策倾斜和支持力度；司法部对《关于完善国家统一法律职业资格制度的意见》的贯彻落实，引导高等法学教育密切关注考试内容、考试方式等的变化对法学教育提出的新要求，实现法学教育与法律职业资格制度的有机衔接，不断提高法律职业人才选拔、培养的科学性和公信力。国务院学位委员会、教育部、人力资源和社会保障部成立专业学位研究生教育指导委员会，邀请最高人民法院、最高人民检察院、公安部、司法部等负责同志参加，有利于发挥各个部门的优势，集思广益，形成合力。

（三）"互联网+"智慧教学模式

我们正处在新时代信息化的浪潮中，新一轮科技革命正在兴起，新科技快速迭代升级，颠覆性技术创新不断涌现，推动经济和社会发展变革。时代呼唤复合型卓越法治人才，法学学科和其他学科交叉融合后面临新的巨大挑战。因此，在法治人才培养过程中要勇于打造"互联网+法学教育"的新模式，促进信息技术与法治人才培养深度融合，促进信息技术与全面推进依法治国深度融合。

2015年12月27日，全国人民代表大会常务委员会修改《中华人民共和国教育法》，将第六十六条修改为："国家推进教育信息化，加快教育信息基础设施建设，利用信息技术促进优质教育资源普及共享，提高教育教学水平和教育管理水平……国家鼓励学校及其他教育机构推广运用现代化教学方式。"由此可见，推广运用现代化的基于信息技术的教学方式已经成为国家通过基本法律的形式明确规定的提高教学水平和教学质量的重要内容。因此，高等学校要在法学教育教学过程中提高信息化教学水平，不断探索智慧教学新方式。

此外，高校还应逐步与法律实务部门建立起常态化的资源整合及共享机制，搜集和积累动态庭审、原始卷宗、电子卷宗等优质资源；高校之间应通力合作，建立科学有效的编目机制，完成对上述资源的细致爬梳和条分缕析，打造一批数字化法学教育实践教学资源汇聚平台。尤其是在信息技术时代，高校应营造覆盖课内与课外、线上与线下、教学与辅学的信息化学习环境，逐步普及智慧教学模式，实现由以教师为中心的学习模式向以学生为中心的学习模式的转变。值得强调的是，法学院校要自觉承担服务社会的功能，通过着力打造一批适合网络传播、教学内容质量高、教学实际效果好的法学在线开放课程，将能够体现自身特色及学科优势、具有完整的教学活动的法律精品课程推向大规模在线开放平台运行，面向其他高校学习者及社会学习者开放修读。

四、新时代法学教育

（一）新时代法学教育的指导思想

习近平总书记考察中国政法大学时强调，要"坚持以马克思主义法学思想和中国特色社会主义法治理论为指导，立德树人，德法兼修，培养大批高素质法治人才"。这一论断意味着习近平总书记法治思想中的法学教育理论的指导思想是马克思主义法学思想和中国特色社会主义法治理论，这与党的十九大报告中的思路是一致的。党的十九大报告指出，要根据新的实践对经济、政治、法治、科技、文化、教育等各方面做出理论分析和政策指导。由此可以看出，我国的政治、法治、教育要以马克思主义和习近平新时代中国特色社会主义思想为指导。法学教育作为我国教育的组成部分，要以马克思主义法学思想和中国特色社会主义法治理论为指导。

（二）新时代法学教育的目标及人才培养策略

习近平法治思想中的法学教育理论以"立德树人，德法兼修，培养大批高素质法治人才"为目标。这一目标既是为了满足人民的需要，也是贯彻以学生为本、学生全面发展教育理念的要求。

1. 立德树人

习近平总书记在 2018 年 5 月 2 日到北京大学考察时的师生座谈会上提出，"要把立德树人的成效作为检验学校一切工作的根本标准"。他在有关教育的多个全国性会议上也反复强调，立德树人是我国教育的根本任务。我国的教育要培养拥护中国共产党的领导和拥护中国特色社会主义事业的社会主义合格建设者和可靠接班人。因此，高校要回答好培养什么样的人、如何培养人以及为谁培养人这几个根本问题。法科学子是未来国家立法机关、司法机关、行政机关的栋梁，他们的政治立场、理想信念和专业水平关系国家法治建设的未来。这就决定了相较于其他学科教育中的立德树人，法学教育中的立德树人具有更为特殊的意义。

习近平总书记在考察中国政法大学时强调，法学教育要解决好为谁教、教什么、教给谁、怎样教的问题；法学教育要立德树人，德法兼修，培养大批高素质法治人才；法学专业教师要坚定理想信念，带头践行社会主义核心价值观；法学专业学生要不忘初心跟党走。习近平总书记认为，立德树人要在六个方面下功夫："要在坚定理想信念上下功夫""要在厚植爱国主义情怀上下功夫""要在加强品德修养上下功夫""要在增长知识见识上下功夫""要在培养奋斗精神上下功夫""要在增强综合素质上下功夫"。"六个下功夫"内涵丰富，六个方面相互联系，既有德的要求，也有才的要求，为学校培养人才提供了标准和要求。

2. 德法兼修

在 2014 年 10 月召开的党的十八届四中全会中，习近平总书记引用英国哲学家培根的话："一次不公正的审判，其恶果甚至超过十次犯罪。因为犯罪虽是无视法律——好比污染了水流，而不公正的审判则毁坏法律——好比污染了水源。"政法工作队伍整体素质的提升是司法改革过程中的关键，如果政法工作队伍的素质不高，再怎么改革都不可能做到习近平总书记在十九大报告中提出的"努力让人民群众在每一个司法案件中感受到公平正义"。为了达到这个目标，政法工作人员既要具有较高的法学专业水平，也要有良好的职业道德。若法律职业道德不过关，水平越高，对社会的危害反而越大。因此，作为未来法治栋梁的法科学子来说，就需要做到德法兼修，"不仅要提高学生的法学知识水平，而且要培养学生的思想道德素养"。

3. 德法兼修与立德树人要求下的人才培养策略

（1）构建科学的教材体系和学科体系

学校应以问题导向为抓手，设立回应"现实急需"和"中国问题"的学科专业，并通过学科融合与交叉发展的方式打破学科壁垒，提升法治理论的建设质量。教师应从领域法学的角度出发拓展学科体系的维度，进而将反映领域发展与现实急需的学科融入人才培养过程中。在此期间，还需要教师明确中国意识与人才培养的关系，提炼人才培养中的学术概念，并将特色法学学科建设与完善法学教材体系作为人才培养的关键和抓手，使法学教材与学科知识的本土化建设成为法治人才培养体系建设的枢纽，以此形成中国气派、中国风格和中国特色。此外，要将学科体系和教材体系建设作为解决法治人才培养的继承性、历史性、中国性问题的抓手，使法治人才培养更好地满足"德治法治治理方针"的基本要求。

（2）将思政教育贯彻到法治人才培养中

要想培养切合依法治国战略需求的法治人才，就必须将马克思主义法治理论和法学思想作为法治人才培养的抓手，将德法兼修与立德树人作为学生教育的渠道，将思政建设置于法治人才培养的首位，以此增强法治人才的法治信仰和理想信念，使法治理念与核心价值观教育贯彻到人才培养的各个环节中。与此同时，还要加强法律伦理教育，激发法治人才对我国法律的真诚信仰和内心拥护。而在法治人才培养方案的制定过程中，教育工作者应明确马克思主义法治理论的主导地位，明晰法律伦理的课程价值，并在准入门槛上体现伦理观和政治观，使法律伦理与思政素养成为法律职业的限制性门槛。

而在人才培养的全过程中，需要结合学科特点，将立德树人与德法兼修有机地结合起来，并贯穿到人才培养的不同环节中，使立德树人的基本要求融入学生指导与课程教学之中，使专业教师在深入分析法律实际案例的同时推动实践与理论的有机结合，使专业教育成为道德教育的抓手和依托。

（3）深度融合实践教育与知识教育

教育工作者应明确实务部门与院校在人才培养中的责任和义务，确保高素质法治人才培养的实效性与有效性。而以法律规定的方式规范实务部门所肩负的人才培养义务，是创新人才培养体系、强化实践教育效率的关键和抓手。通常来讲，实践教学在法治人才培养中有着重要的功能和作用，可以使德法兼修与立德树人发挥出应有的功能和作用。可以通过校外实践、模拟课程、法律诊所等方式培养学生的职业伦理与职业技能，彻底打通法治人才培养中实践教育与知识教育壁垒。而将实践教育与知识教育相融合，能够使立德树人与德法兼修更好地贯穿到人才培养的全过程，使人才培养工作真正地服务"德治法治治理方针"所提出的要求。然而在知识教育与实践教育相融合的过程中，还需要教育工作者借助现代信息技术，模糊实践教育和知识教育的边界，使知识教育与实践教育成为有机统一的整体，使教师更好地利用立德树人和德法兼修提高学生的道德品质和法治素养。

（三）新时代法学教育的途径和方法

1. 三全育人

习近平总书记在 2016 年 12 月召开的全国高校思想政治工作会议上指出："要坚持把立德树人作为中心环节，把思想政治工作贯穿教育教学全过程，实现全程育人、全方位育人，努力开创我国高等教育事业发展新局面。"以习近平总书记这一思想为指导，中共中央、国务院印发了《关于加强和改进新形势下高校思想政治工作的意见》（中发〔2016〕31号），提出了坚持全员、全过程、全方位育人（简称"三全育人"）的要求。"全员育人"要求全体教职员工都要成为"育人者"，其一言一行、一举一动都要履行育人之责、产生育人之效，实现育人无不尽责；"全过程育人"要求将立德树人贯穿高校教育教学全过程和学生成长成才全过程，实现育人无时不有；"全方位育人"要求将立德树人覆盖到课上课下、网上网下、校内校外，实现育人无处不在。法学与政治学具有天然的联系，二者都要研究国家、政府、政党的权力和权力运作行为。鉴于法学专业的这一特点，法学教育要尤其重视全员育人，除了充分发挥思政课教师在思政课程教学中的作用之外，更要发挥法学专任教师在立德树人中的重要作用，确保法学专业教师在课程教学中不偏离"为谁培养人"的教育根本性问题，不偏离社会主义方向。习近平总书记也在考察中国政法大学时提出"法学专业教师要坚定理想信念，带头践行社会主义核心价值观……多用正能量鼓舞激励学生"。

2. 实践育人

习近平总书记在考察中国政法大学时指出，法学学科是实践性很强的学科，法学教育要处理好知识教学和实践教学的关系。法学院系要重视实践教学，将我国依法治国的实践经验及时转化为教学资源；打破法学院系和实务部门之间的壁垒，从实务部门遴选实务专家担任法学院系教师；为法学院系教师到实务部门交流学习提供平台；法科学子要积极参与到实践中去，在实践中观察，在实践中思考。

（四）新时代法学教育要有底气和自信

习近平总书记在哲学社会科学工作座谈会上强调，坚定中国特色社会主义道路自信、理论自信、制度自信，说到底是要坚定文化自信，文化自信是更基本、更深沉、更持久的力量。构建中国特色哲学社会科学，要体现继承性、民族性、原创性、时代性，系统性、专业性。这样的精辟论述同样适用于法学学科。文化、传统、制度没有高低贵贱之分，我国基于特定的文化产生了特殊的有别于他国的传统和制度。

近代以来，随着西方列强的入侵，西方文化也传入我国，中华传统法律制度经历了剧烈的阵痛。一些有识之士为了救国，主张"师夷长技以制夷""中体西用"，开始用西方现代社会科学方法来研究我国问题。国外经验为我国的法治发展和法学教育提供了很大帮助，但国外经验仍在很多方面存在水土不服的问题。中国法治发展的历史证明，中国的法治问题还是要用中国特有的方法来解决。我们要对我国的法治文化、法律制度、司法传统有底气、有自信。在这份底气和自信的基础上，对我国"复杂现实进行深入分析、做出科学总结，提炼规律性认识，为完善中国特色社会主义法治体系、建设社会主义法治国家提供理论支撑"。另外，构建中国特色的法学学科，"要按照立足中国、借鉴国外，挖掘历史、把握当代，关怀人类、面向未来的思路……在指导思想、学科体系、学术体系、话语体系等方面充分体现中国特色、中国风格、中国气派"。

（五）新时代法学教育要改革创新

习近平总书记在考察中国政法大学时两次提到了改革，三次提到了创新，足见其对法学教育改革创新的重视。法学教育也要适应新情况，不断进行改革、发展、创新。习近平总书记认为"如果不顾历史条件和现实情况变化，拘泥于马克思主义经典作家在特定历史条件下、针对特定具体情况做出的某些个别论断和具体行动纲领，我们就会因为思想脱离实际而不能顺利前进，甚至发生失误"。只有聆听时代的声音，回应时代的呼唤，认真研究解决重大而紧迫的问题，才能真正把握住历史脉络、找到发展规律，推动理论创新。

五、法学课程培养目标、课程设置和教学方法

课程设置和教育的培养目标紧密相连。不同的法律文化传统具有不同的培养目的，它们要培养的人才的知识结构也有很大的不同。

长期以来，我国的教育被视为系统地传播知识的过程，法学教育也不例外，其被认为是系统传授法学知识的过程。因此，各个法律院系的教育往往只重视系统知识的传授，而不太重视学生能力的培养和训练。近些年来，不少法律界人士认识到了这一问题，也进行了一些改革。但从整体上看，对学生能力的培养和训练仍然没有得到足够的重视，法律院系的毕业生不能在毕业后很快地适应工作，其眼高手低、动手能力差等现象仍然相当突出。无论是课程设置还是讲授方法，仍然与社会的实际要求有相当大的差距，仍然需要大力进行改革。

课程设置和教学方法的改革，必须以培养目标和培养观念的改革为前提，即法学教育不仅要传授法律知识，同时要培养和训练学生的实际操作能力，能力的培养应当提到与知识的传授同高的地位。在具备了基本的法律职业能力和素质的

基础上，一些具有学术研究兴趣、能力的人员才可能进行真正有意义的法律学术研究。如果连这些基本的职业能力和素质都不具备，其研究结果就难免是纸上谈兵。在明确了上述目标后，课程和教学改革的必要性和方向也就清楚了。我国法律院系的课程设置历来以知识的系统性和科学性为目的，很少考虑实际操作能力的培养，也很少考虑社会的实际需求。下面主要从四个方面进行分析。

①法律课程的开设。我国法律课程的开设主要以法学部门法学科的划分或国家颁布的主要法律（基本法）为标准，以培养和训练学生实际操作能力为主要目的和以社会需求为导向的课程开设得很少。

②法律课程的教授。我国法学院的大多数教师在课堂上所讲授的，主要是如何注释现有的法律条文以及论述各门课程的体系和基本理论，其目的在于引导学生掌握系统的知识体系，如学会通过分析条文和逻辑推理得出正确的答案。其着重讲授的知识不过是一种记忆性的知识，至多是静态的分析理论，缺乏对学生实际操作能力的培养。

③法律课程的结构。与我国当前努力发展市场经济的需要相比，法律课程中涉及市场经济的课程所占的比重不够，有些课程的内容也亟须改进或充实。我国的法学教育重视史论课的开设而缺少应用部门法课程的开设；在这些部门法课程中，传统的民商法课程所占的比重更小；现在所开设的经济法的课程也有很多建立在计划经济的基础上，部分内容已不适应市场经济发展的需要。

④法律课程的课程比重。我国法学院设置的选修课所占的比重大大低于必修课。在课程表中，必修课一般占到3/5甚至2/3。这种状况的结果是，学生无法根据自己的兴趣和发展方向选择课程，教师也不能充分地发挥主动性，形成竞争机制。

除了课程设置问题外，教学方法也是需要改进的一个重要方面。虽然我国不是案例法国家，但是运用案例方法进行教学已经被不少教师的教学实践证明是行之有效的方法。它能使学生掌握应用法律的技巧，使学生主动地参与教学的全过程，避免被动式的学习。

第三节　法学教育的时代要求

一、"新文科"建设对法学教育的新要求

法学以社会为研究对象，通过对人类社会现象及其运行发展规律的科学研究，为社会治理提供理论支撑。从设立之初到现在，法学高等教育始终立足于社会实际和社会变革而发展、调整、适应，并保持着持久、旺盛的生命力，成为文科教育的重要组成部分。法学教育是学科教学，在发展中形成了自身的稳定性、规律性、体系性。但法学学科、法学理论来源于社会实际，又因其对社会规律的认识而具有一定的前瞻性、预测性特征，因而与社会发展变化实践存在一定的差异。2017 年，习近平总书记在视察中国政法大学时指出了我国法学高等教育中存在的一些问题，如部分法学教育重形式轻实效、法学学科结构不尽合理、法学学科与其他学科的交叉融合不够、法学理论不能及时回应社会需求、理论教学和实践教学结合不够紧密、实务部门实践教育资源未能得到充分利用等。这些问题正是法学发展以及"新文科"建设应当重点关注的问题。"新文科"建设的目的在于打破专业壁垒并消除学科障碍，以广博的学术视角、敏锐的问题意识和深厚的学术积累为基础，为学生提供更契合现代社会需求的素养训练。

（一）面向社会实际，回应时代需要

"新文科"建设的指导思想之一就是立足中国社会实际，构建契合中国社会发展需求的知识体系。现代法学高等教育从西方传入，其学科理论、专业体系、研究方法等对我国法学教育产生了深刻的影响，尤其是早期法学教育工作多由外国学者或者有国外学习经历的中国学者担任，在教育过程中多用西方模式进行教学。新中国成立之后法学教育则以苏联法学理论、法学教材为基础，因而我国法学教育存在"言必称希腊"的痼疾，即使现在比较流行的"诊所式法律教育"也是从美国移植而来的。法学学科以社会为研究对象，中国法学自然应当重点关注中国社会问题，法学教育应当聚焦当下的中国社会，以时代需求为导向，以社会实践为基础实现发展。

法学教育要做到"识变应变"，积极回应社会发展和时代需求。长期以来，法学教育被认为是精英教育，注重理论传授，对于社会的回应不够及时。这突出表现在法学专业课程设置和专业教学上。在课程设置上多突出基础理论课程，无论是原来的 16 门专业核心课程，还是现在的"1+10+X"核心课程设置，理论课的比例较大。对社会和时代需求的回应依赖教师在授课过程中将理论与实际相结合，还未真正做到立足社会和时代科学、合理地设置相应的课程；部分选修课程的设置，也未能与核心课程形成有效的深度关联和广度拓展。

作为高等教育最初设置的三大专业之一，法学专业是以"对社会问题的治疗"为目的的。因此，法学教育对社会发展和时代需求的积极回应是其本质特征之一。"新文科"建设强调学科发展应当及时回应时代需求，与社会发展相适应。法学教育对社会和时代的回应，需要从理论研究、发展导向、学科体系、专业结构等方面及时进行调整。

（二）深化学科性质，强化价值引领

新文科建设的首要使命是实现"话语体系"的转变，即把西方话语体系主导下的"旧文科"转向中国话语体系主导下的"新文科"。这就要求法学教育应当"强化价值引领"，以"立德树人"为根本目标，处理好"价值性"与"学术性"之间的关系，将"品质德行养成与法律知识能力教育相互衔接、相互协调、相互促进"，既要构建"大思政"育人格局，又要强化"课程思政"建设。

1. 法学教育应构建"大思政"育人格局

所谓"大思政"，就是要求思想政治教育在教育的系统工程中渗透一切、贯穿始终，以形成系统整体的育人环境。2018 年 9 月，《教育部 中央政法委关于坚持德法兼修实施卓越法治人才教育培养计划 2.0 的意见》（以下简称《意见》）就曾明确指出，卓越法律人才的培养应以马克思主义法学思想和中国特色社会主义法治理论为导向。

2020 年 5 月 28 日，教育部印发的《高等学校课程思政建设指导纲要》（以下简称《纲要》）再次强调，"各类课程与思政课程同向同行""显性教育和隐性教育相统一"，给法学教育的变革指明了方向。在新文科建设背景下，法学教育应做到以下几点。

第一，法学教育应随时把握教师与学生的思想动态。社会主义法治人才的培养首先是德育的培养，而德育培养的前提和关键是对学生思想动态的及时把握。在新文科建设背景下，法学教育不仅应及时把握学生的思想动态，而且还应把握教师的思想动态。这是因为只有教师具有正确的价值观和人生观，才能运用马克思主义理论塑造学生的价值观念与人格信仰，帮助学生树立正确的价值观和人生观，为社会主义建设培养德才兼备的高素质法治人才。

第二，发挥好教师党员和学生党员的先锋带头作用。"大思政"育人格局要求党员应在思想上和行动上发挥先锋带头作用。具体在法学教育方面，教师党员应不断加强党性修养，用习近平法治思想和中国特色社会主义法治理论武装头脑，敬业爱岗，爱护学生；学生党员应加强思想修养，刻苦学习法学专业知识，艰苦朴素，与人为善，积极参加社会实践，提升自己的法学理论水平与司法实务技能。

第三，处理好法学专业教育与思政教育之间的关系。"大思政"育人格局要求必须处理好法学专业教育与思政教育之间的关系。法学专业教育侧重于"育才"，重在传授学生法学专业知识与司法实务技能；思政教育侧重于"育人"，重在培养学生高尚坚韧的品格与良好的职业道德。在新文科建设背景下，法学教育应在强化专业教育的同时，开设"马克思主义与社会科学方法论""中国特色社会主义理论与实践研究"等课程，实现法学专业教育与思政教育的有机融合。

2. 法学教育应强化"课程思政"建设

"课程思政"不是专业教育与思政课程的简单叠加，也不是将国家意识和政治形态强行植入专业教育，而是通过隐性思想政治教育营造一种健康向上的育人氛围。在新文科建设背景下，法学教育应以《意见》《纲要》和习近平总书记重要讲话精神为依据，贯彻落实"所有课程都具有育人功能、所有教师都负有育人职责"的要求，强调"合力育人"，充分"发挥全要素育人的合力作用"，构建"大思政"育人格局。在新文科建设背景下，法学教育应从加大"课程思政"宣传力度、挖掘专业课"思政元素"、打造"课程思政"金课、完善教学评价机制等方面入手，强化"课程思政"建设。

第一，加大"课程思政"宣传力度。观念是行动的先导，要强化"课程思政"建设，必须从观念的养成开始。各高校应通过优质资源共享、专题培训等方式进一步加大"课程思政"宣传力度，提升法学专业教师对"课程思政"建设的认知程度和参与意识，依托、借助专业课课程教学，引导学生成为有理想、有担当、有国家使命感和社会责任感的人。

第二，深入挖掘专业课的"思政元素"。"课程思政"是一种"依托、借助于专业课、通识课而进行的思想政治教育活动"，它以专业课、通识课为重要载体。这就要求授课教师应处理好专业教育与"课程思政"建设之间的关系，深入挖掘所授课程的"思政元素"，将马克思主义价值观和方法论融入专业课教学过程，充分发挥法学专业课的育人功能。

第三，组织打造一批"课程思政"金课。2018年8月，《教育部关于狠抓新时代全国高等学校本科教育工作会议精神落实的通知》（教高函〔2018〕8号）提出，"各高校要全面梳理各门课程的教学内容，淘汰'水课'、打造'金课'……切实提高课程教学质量"。这就要求法学教育选择部分政治素质高、专业水平高、育人效果好的专业课，结合不同课程的教学特点、教学方法与教学理念，总结"课程思政"建设的经验与规律，组织打造一批符合"两性一度"要求的"课程思政"金课。

第四，将"课程思政"纳入教学评价机制。科学的教学评价机制是提高教育质量的关键。各高校应将"课程思政"建设纳入教学评价机制，建立健全"课程思政"质量评价体系与考核激励机制，将"课程思政"建设的评价结果与教师的教学评价挂钩，充分考虑"课程思政"建设给教师增加的工作量，有效激发教师参与"课程思政"建设的积极性和创造性。

（三）突出专业实践，满足社会需求

1. 强化专业实践

法学理论以社会以及社会现象为研究对象，必然要以社会实践为基础。因此，在强调法学理论教学的同时，突出专业实践、培养学生的专业实务技能也是重要环节。专业实务技能的培养离不开专业实践，因此，2018年法学本科教学国家质量标准加大了法学实践教学的比重，要求实践学分不少于法学专业总学分的15%（24学分）。部分学校在教学大纲的修订中，根据学校办学定位对这一比例予以提升，要求实践学分不少于总学分的20%（32学分）。从法学专业学分构成来讲，实践学分占比较重，现行实践教学体系难以满足要求。这就需要法学教育积极走出去、请进来、多渠道、广口径，充分把各类实践资源纳入专业实践教学中。原有教学模式中，法学教学实践基本以校内实践和校外实践相结合的方式进行。校内实践以模拟实践为主，以法律援助实践、法律诊所教育等为辅；校外实践以学生毕业集中实习为主，以假期学生自主分散实习为补充。这些实践虽然也利用了法院、检察院、律师事务所等实务部门的资源，但存在时间短、不连续、受众少、协调难等问题，一定程度上影响了实践效果。

新文科建设要求突出专业实践，这就势必要改变原有的实践模式。高校应当根据实践需要把课堂由教室向实务部门拓展，把授课由教师向实务部门工作人员拓展，把学习由教材向实际案例拓展。原有的学校与法律实务部门共建实习基地的模式不能仅停留在签协议、挂牌子的层面，而应当真正用好、用实校外实践基地等教学资源，建立常态化、长效性、经常性、连续性的校地共育模式，即高校坚持开门办学、灵活教学，实务部门协力共建、协同育人。

2. 完善法学拔尖创新人才培养机制

新文科建设要求文科教育打造质量文化，而"拔尖创新人才培养"又是提升高等教育质量的关键途径和重要保障。在新文科建设背景下，法学教育应当以提升教育质量为根本导向，进一步创新法学拔尖创新人才培养研究机制。

第一，孵化法学拔尖创新人才培养基地。法学拔尖创新人才培养基地是高素质法治人才培养的重要阵地。目前，一些教学师资强、生源质量好的高校已经依托"试验班""试点班"孵化法学拔尖创新人才培养基地。如中南财经政法大学法学院就依托 2016 年设立的"卓越法律人才"实验班、2019 设立的"法学、经济学辅修双学位班"等"试点班"，开始孵化法学拔尖创新人才培养基地。这些探索有利于完善法学拔尖创新人才培养机制，值得其他高校效仿。

第二，推进本、硕、博一体化和贯通式培养。本、硕、博一体化和贯通式培养是培养高素质法治人才的重要途径，这就要求法学教育应尝试采取以下措施：一是建立纵向"跨层次"选课制度，让学有余力的高年级本科生提前选修硕士生课程、硕士生提前选修博士生课程，以提高本科生、硕士生的法学理论水平、培养其扎实的学术功底和学术创新能力；二是利用寒暑假等假期将部分优秀的高年级本科生与硕士生一起培养、将硕士生与博士生一起培养，通过理论阅读和实地调研提升本科生、硕士生的理论素养与问题意识；三是制定和完善本、硕、博贯通培养计划。本、硕、博贯通培养计划是拔尖创新人才培养的重要创新，包括"本—硕连读""本—硕—博连读"和"直博"（主要采取"本 +5"培养模式）三种类型。目前，部分高校制定的《"本—博"拔尖创新人才培养计划实施办法（试行）》和《"本—博"拔尖创新人才培养计划实施细则》已经对选拔对象、名额分配、选拔程序及培养模式等进行了具体规范。这些做法都是对法学拔尖创新人才培养的尝试与探索，可在贯彻落实的过程中进一步完善。

第三，加强高校与实务部门、国内与国外"双协同"培养。"协同"一词来自古希腊语，是指协调两个或者两个以上的不同资源或者个体共同完成某一目标的过程或能力。在"双协同"育人理念下，法学拔尖创新人才培养既要加强高校与实务部门的协同，实现学界与业界的优势互补，使实务部门（尤其是司法实务部门）成为法治人才培养的第二阵地；又要加强国内与国外的协同，充分协调国内与国外的教育资源，培养具有国际视野与国际竞争力的拔尖创新法治人才。

（四）打破专业壁垒，促进科际融合

跨学科或交叉学科是知识形态的新型范式，其广泛影响不再被否定、轻视或忽视。传统法学理论讲究专业性，注重突出自身的学科特色，与其他学科尤其是理工科鲜少结合交互。以"文理交叉"为基础的"新文科"建设，要求法学教育积极思变、谋变，大胆突破传统的思维方式，打破具有重要支撑作用的各学科间的壁垒，以继承与创新、交叉与融合、协同与共享为路径，促进法学与新学科的互学与共享，才能推进传统法科的更新升级，才能在新形势下找到自身生存发展的机会。法学与其他学科的融合是大有可为的。以环境法学为例，环境法学作为法学学科之一，具有科技性特征，具有规范性的环境标准、污染指标及一定的生态功能等，都是科学和技术指标的法律化。人工智能法学、网络法学、动植物检疫法学等本身就具有学科交叉融合的特征。由此可见，法学学科能够也有必要打破专业壁垒，实现科际融合，从而实现法学学科的转型。

1.法学学科与其他文科专业的交叉融合

在新文科建设背景下，法学教育应通过探索法学专业本科生分类培养模式，积极推进双学位、主辅修培养，通过开设跨学科、跨专业新兴交叉课程等途径，实现法学与其他文科专业的交叉融合。

第一，探索法学专业本科生分类培养模式。具体可在修完一、二年级公共课、专业基础课的基础上，以培养学生跨领域知识融通能力为导向，对三、四年级本科生开设不同方向的专业课程，进行模块化分类培养。例如，为实现法学与经济学的交叉融合，可设置企业法务方向课程模块，开设经济、财政、金融、税收、财会、社会保障等课程；为实现法学与国际贸易的交叉融合，可设置国际贸易法务方向课程模块，开设国际法、国际私法、国际经济法、国际商法等课程。

第二，积极推进法学本科生双学位、主辅修培养。为实现法学学科与其他文科专业的有效融合，可通过双学位、主辅修等模式培养融通型法治人才。具体可采取成绩互认等方式，鼓励法学专业本科生到其他院系辅修其他文科专业（如财经、会计、管理、电子商务等）或课程，所选课程经认定后计入总学分。对于达到授予第二学位条件的学生，可直接授予法学与其他文科专业双学位。

第三，开设跨学科、跨专业新兴交叉课程。开设跨学科、跨专业新兴交叉课程是实现学科交叉融合的主要途径。这就要求法学教育以特色法治人才培养为目标，精选并有机融入其他文科专业课程，开设跨学科、跨专业的新兴交叉课程（如法人类学、法社会学、法经济学、法律与文学）。

除此以外，各高校还可依托优势教育资源培育新的交叉学科，打造法学人才培养的特色品牌。例如，政法类院校可通过传统法学与其他文科专业的交叉融合，拓展传统法学的研究领域；财经类院校可以培养财经类法治人才为目标，形成财经法学的特色品牌；综合类院校则可根据自己的特点，推动法学与其他强势文科专业的交叉融合；等等。

2. 法学学科与理工农医等学科的交叉融合

"文理交叉"是新文科建设的重要特点。在新文科建设背景下，各高校应顺应信息文明时代的发展趋势，积极推动法学学科与理工农医等学科的交叉融合，形成科技与知识产权法、卫生法学、生命科技伦理与法律、人工智能法治、网络安全法治、金融创新与法治等新兴交叉学科。重点应从以下几方面入手。

第一，设立"人工智能法学"等新兴专业。在数据科学与人工智能快速发展的时代背景下，法学教育应通过与计算机科学、数据科学、信息科学等的交叉融合，积极推动人工智能法学学科建设与学术研究，设立"人工智能法学"等新兴专业。目前，西南政法大学、河北经贸大学、上海政法学院、北京理工大学等高校都已经设立了"人工智能法学实验班（菁英班）"；有的高校（如西南政法大学）甚至设立了专门的人工智能法学院。这些做法都为推动法学学科与计算机科学、数据科学、信息科学等学科的交叉与融合积累了丰富经验，值得进一步推广。

第二，实现法学与农、医等学科的交叉融合。这主要针对一些同时招收法学专业与农学专业、法学专业与医学专业的高校。这些高校可利用不同学科和专业的教育资源，实现法学与农、医等学科的交叉融合。近年来，部分高校已经开始探索将法学与医学、法学与农学等学科融为一体，如南方医科大学就设立了卫生法学学科。该学科以培养系统掌握法学基础知识、思维方式和研究方法，具有较强法律实践能力和创新精神，深入了解医学、卫生管理方面知识和技能的法学、医学、管理学等多学科融合的复合型人才为目标，基本学制为4年，是一门综合性、交叉性学科。

除以上途径外，各高校还可尝试在本科阶段设立法学与理工农医等学科的双学位班或采取"4+3"培养模式等方式，推动法学与理工农医等学科的交叉与融合。

二、人工智能时代对法学教育的新要求

（一）人工智能时代法学教育转型动因

法学教育作为传统的学科教育，主要以培养社会需要的法律人才为主要目的。

在人工智能时代，随着信息技术的广泛运用，社会对法律人才的需求也发生变化，因此，我国的法学教育要顺应时代对法律人才需求的变化而适时转型。

1. 人工智能影响法学教育的走向

法学教育的主要目的是为法律实务工作输送人才，以满足社会对法律人才的需求，因此法学教育应以社会需求为基本导向。在人工智能时代，随着大数据、云计算等技术的广泛应用，法律纠纷由过去单纯运用法律思维及知识解决问题转变为需要结合相应的技术规范才能解决。例如，对于涉及大数据时代侵犯个人隐私权的法律问题，如果不了解网络及算法技术，就很难掌握技术支持下的具体侵权路径，也就无法揭示该侵权行为的本质属性。面对利用人工智能技术进行恶意注册并获取号码资源实施诈骗的行为，如果不掌握相应的网络科技，就很难了解该诈骗行为的本质，也无法预防及阻止该诈骗行为。针对人工智能技术对法律实践的诸多影响，为了更好地让法律人才应对与人工智能相关的法律纠纷，高校在进行法学教育时，除了要培养传统的专业性法律人才，更要培养既懂法律专业知识又懂科技知识的复合型人才。同时，教育部在2018年的相关文件中也鼓励人工智能技术同传统法学教育有机融合，这也从另一角度说明人工智能对法学教育走向产生影响。

2. 人工智能影响法学教育内容

随着人工智能技术在人们生产生活领域的运用，产生了大量的新型法律关系及法律纠纷，给传统的民事主体法、侵权责任法、知识产权法、刑法等领域的法律工作带来巨大挑战。例如，当具备高度自主能力的智能产品在自主完成某项工作时给人类造成了损害，应用怎样的规则进行补偿或赔偿，人工智能产品是否具有法律主体资格等问题尚未有定论。又如，传统的知识产权法主张智力劳动成果为人类所专享，但人工智能产品在经过深度学习后产生的创造物同人脑创作出来的智力劳动成果很难区分，对该创造物是否应予以知识产权方面的保护也引起诸多讨论。

再如，智能打车平台改变了传统的打车规则，在一定程度上节约了社会资源、方便人们出行。但鉴于平台对司机入驻资质审查的缺位、监管的不足，最终导致平台服务质量参差不齐，甚至出现一些刑事案件，法律需对此做出回应。可见，随着人工智能产品逐渐市场化，其带来的社会关系均需相关法律加以规范；而高校在法学教育中也要关注人工智能应用下所产生的法律问题。

3. 人工智能影响法学教育模式

传统法学教育一般以教师通过课堂教学为学生传授系统法学理论知识为主，虽在一定程度上增设了实践性的法学教学内容，但在整个教学阶段所占比例极低，更不用说利用信息技术及智能教学方案来进行法学教学活动。在传统法学教育模式下，学生只重视法条分析及相关理论知识的理解，而对数理统计、智能信息化、数据挖掘等技能课程不够重视。在人工智能时代，随着智能技术在司法实践领域的深入运用，人工智能可代替人工从事诸如文书制作、法条检索、案例搜寻与分析等较为简单、重复的工作，甚至已有智能化的法律咨询服务系统应用于民事纠纷。如果仍采用传统的法学教育模式，不仅很难让学生达到社会对新技术运用的要求，也会对学生的学习效率产生负面影响。所以，高校法学教育作为为社会培育法律人才的主要渠道，理应顺应人工智能时代对法律人才的需求，转变传统教育模式，朝智能化方向发展。这不仅有利于增强法学教学课堂的趣味性，提升学生学习效率，还有利于增强学生毕业后适应工作岗位的能力。

（二）人工智能时代法学教育的新发展

人工智能技术的广泛应用，一方面给部分法律职业带来冲击；另一方面其逐渐市场化也带来了各种新型社会关系，迫切需要法律对此进行回应。对法学教育而言，为顺应人工智能时代对法律行业的新要求，需将其目标分层化、内容综合化、模式个性化、手段灵活化。

1. 目标分层化

我国传统的法学教育，一般是通过基础理论教学让学生理解法学知识并形成基本的法律技能、法律逻辑等，最终使学生顺利进入法律职业领域。在传统法学教育中，高校对法学生类型并不加以区分，使用的是统一的培养目标、单一的培养模式、一刀切式的培养方案。但在人工智能技术广泛应用的背景下，这种一刀切式的培养方案已很难满足现下法治建设对不同类型法律人才的需求，也无法适应高校法学生多样化的职业道路选择要求。因此，我国高校法学教育的人才培养目标需分层化，不仅要培养学术型、应用型的法律人才，还要顺应"大众创业、万众创新"的时代要求，培养既具备相应数字化技术又具备法律专业知识的复合型人才，以不断适应人工智能技术迅猛发展对我国法治建设带来的革新需求。

2. 内容综合化

人工智能时代具有深度学习、跨领域融合的特征，对法律人才的需求也呈现复合化趋势。法律人才既要具备扎实的基础理论知识，也要了解相应的跨学科知识，这样才能更好地解决相应的法律问题。人工智能时代对法律人才需求的变化使得法学教育需朝综合化方向发展。高校在法学教学中可通过开设诸如软件编程、数据分析、信息检索等同法学交叉的课程，打破专业壁垒并消除学科障碍，以达到培养复合型法律人才的目的。

3. 模式个性化

当前的法学教育，职业教育及精英教育色彩浓厚，忽略了法学生的个性化差异。在人工智能技术影响下，各种新行为、新现象及新事物不断涌现，而法律纠纷也随人工智能技术的深入应用而呈现疑难问题多、新问题层出不穷的特点；如果单靠传统的法学教育方法，培养出的法律人才难以应对智能技术应用下的新型疑难法律纠纷。因此，法学教育应注重学生的个性化学习，根据其兴趣爱好进行精准教育，强化专业学科法学知识的深度及广度，增强其法律思维能力，使其更好地应对人工智能背景下各种新型法律纠纷。

4. 手段灵活化

在人工智能时代，为了使法学生具备更加广博的学术视角、敏感的问题意识以及深厚的学术功底，使其契合社会对法律人才的需求，高校法学教育的手段需更具灵活性。对高校法学教师而言，应改变传统的讲授式教学手段，积极探索并运用智能化的教学方案，采用诸如网络答疑、虚拟场景模拟、论坛交流、微课程、远程教学等灵活的教学手段。这不仅有利于提高学生的思维能力，还有利于调动其学习积极性，帮助他们掌握最基本的法律推理方法及技术服务技能，使学生在灵活的教学中形成对法律价值、法律逻辑、法律关系及法律运行更深层次的理解。

三、新理念对法学教育的新要求

自 2019 年正式启动"六卓越一拔尖"计划 2.0 以来，教育事业发展秉承教育新理念积极展开教学创新。法学教育作为文科教学体系主要组成部分，其在创新发展中应秉承新文科理念。基于此，结合当前教育新理念形势与法学教育现状展开创新挑战分析，进一步提出法学教育在新理念背景下的创新发展策略，旨在迎合新理念教育趋势，推动法学教育创新发展。

法学教育是社会主义文化发展的载体，是社会科学的重要组成部分，应在教育发展过程中根据新文科理念建设标准进行创新发展，从不同角度贯彻落实教育新思想，转变以往枯燥单一的法学教育模式。作为新文科理念发展战略部署的重要环节，法学教育应注重培养与时代要求接轨的新型法治人才，应在创新教育发展中提高教学有效性，从法学教育创新角度推进全面依法治国。

法学教育作为社会科学的重要内容，应紧跟新文科发展潮流。相较于传统文科法学教育而言，其注重突破学科壁垒，注重学科间教学的互补，从不同角度看待法学教育，并以此开阔学生视野，在法学知识积累基础上提高学生综合素养。新文科理念是现代化文科教学融合的体现，需实现专业化、融合化的协同发展。在以往法学教育中，为最大化保障学科专业性，实现专业教育深度发展，在长期教学中形成"学科孤岛"，在学科独立发展背景下并不利于法学的发展。而在新文科理念下，法学教育应注重突破"学科孤岛"制约，以学生实际需求为依据展开教学活动。随着社会经济的发展，各行各业对复合型人才的需求呈上升趋势，为更好地提高学生职业竞争力、培养综合型人才，法学教育应结合新理念制订人才培养计划。传统法学教育通常更注重学生的知识掌握，并未以社会需求为依据展开教学活动，导致学生运用单一化法学知识无法更好地解决复杂的社会问题。而新理念的提出为法学教育提供了新的发展方向，需构建文科教育的内部通融交叉体系，以此引导学生关注不同社会科学知识内容，提升学生综合能力。在新文科理念环境下，法学教育可转变单一化教学模式，更加强调文科知识积累；法学教育在创新发展中应实现跨学科教学，为法学人文研究增添新活力，继而实现以法学教育为中心的知识教学重组，全面推动法学教育知识创新。

第四节　法学教育教学改革的目标

法治人才培养在全面推进依法治国系统工程中占据着重要地位。法学教育改革应适应中国特色社会主义新时代与全面依法治国的新要求，把握新形势，面对新机遇，在深刻理解当前法学教育的新征程、新使命与法治人才培养新方向、新趋势的基础上，将依法治国、建设社会主义法治国家的治国方略与新时代对法治人才培养的新要求紧密结合起来。

一、实现法学教育内涵式发展

我国当今社会的主要矛盾在高等教育发展领域的表现，要求法学教育改革必须以内涵式发展为指导。为此，党中央更加具体地提出了"加快一流大学和一流学科建设，实现高等教育内涵式发展"的新任务和新目标。因而，以提升法治人才培养质量为中心的法学教育内涵式发展成为新时代创新法治人才培养机制的基本要求。

具体来说，实现法学教育内涵式发展的基础是在理解中国特色社会主义新时代法学教育的理念、目标、人才培养模式和机制的基础上，明确中国特色社会主义新时代法学教育内涵式发展的构成要素和实现条件。第一，实现法学教育内涵式发展，必须坚持以人民为主体的教育理念。我们的教育是为人民的，人民对美好生活的向往就是教育的奋斗目标。人民希望有更高质量、更加公平的教育，这就是我们的努力方向。《教育部关于全面提高高等教育质量的若干意见》指出，"牢固确立人才培养的中心地位，树立科学的高等教育发展观，坚持稳定规模、优化结构、强化特色、注重创新，走以质量提升为核心的内涵式发展道路"。

第二，实现法学教育内涵式发展，必须坚持以人的全面发展为法治人才培养的最终目标。人的全面发展、社会全面进步，既是中国共产党和国家一切工作的出发点和落脚点，也是我们进行法治建设和法学教育的出发点和落脚点。通过改革法学教育，实现法科学生的全面发展，从而实现社会的全面进步，这是新时代实现法学教育内涵式发展的基本目标。法学学科教育作为法律教育的科学模式，应当秉承以人为本的教育理念。法学学科教育一定要根据以人为本的教育理念科学构建高层次法律人才培养的目标模式。其中，实现人的全面自由发展是法学教育的核心。要使每一个学生在接受法学教育的过程中能够得到知识、全面提高能力和素质，实现自我价值和自由全面发展。

第三，实现法学教育内涵式发展，必须牢牢抓住全面提高人才培养质量这个核心，这也是法学教育改革和发展的根本任务。既要培养更多拔尖创新人才，又要让广大学生都能够发掘自身的潜力，实现自己的人生价值。要通过分层次、类型化的法学教育质量标准，引领法学教育以多元化的教育路径满足社会多样化、行业化的法律人才需要。

第四，实现法学教育内涵式发展，必须把培养高素质法学教师队伍作为立教之本，与时俱进加强法学师资队伍建设，适时进行教师队伍培训工作。高素质教师是培养出高水平法治人才队伍的关键，建设一支高素质、高水平的法学师资队伍是实现法治人才培养质量提升的前提条件和基础工程。优化法学师资队伍，首要是坚定师资队伍的理想信念，让所有法学专业的教师成为马克思主义法学思想和中国特色社会主义法治理论的坚定信仰者、积极传播者和模范践行者。唯有如此，才能形成实现法学教育内涵式发展的巨大合力，促进法治人才培养质量不断提升。

二、与思想道德伦理要求相符

我国传统文化历来重视道德的作用，强调"格物致知、诚意正心、修身齐家、治国平天下"的修身路径。坚持立德树人，就必须加强中国特色社会主义法治理念教育，加强思想道德教育，努力使学生具有高尚的思想品质和道德情操、良好的法律职业道德素养、坚定的社会主义法治信仰和实现中华民族伟大复兴的使命感和责任感。目前，我国的法学教育重在掌握知识和技能，对德育关注不够。而缺乏德育的法学教育犹如失去了灵魂，也失去了对法律的信仰和尊重。为培养法治人才高尚的思想道德素养，就要坚持走中国特色社会主义法治道路，立德树人，德法兼修，既有高尚的思想道德素养，又有扎实的法学专业知识和职业技能。对法治人才培养而言，"立德树人"中的"德"至少有以下三个层面的要求。

（一）高尚的思想道德品质

如果法律人的思想品质不高，在社会中的消极作用是非常大的，不仅会引发民众对法治的不信任，而且会产生负面作用，阻碍国家法治建设的进程。因此，法律人不应只是掌握专业知识和原理，还应对自我有更高的思想道德要求和职业伦理要求。作为品德的道德或意识的道德，主要存在于个人内心，所以可以叫道德心或良心。在全面依法治国新时代，高素质法治人才不仅要具备全面系统的法律专业知识和娴熟的法律职业技能，还必须做到以实际行动带动全社会崇德向善、遵法守法，拥有高尚的思想品质和道德情操。

一般来说，高尚的思想品质和道德情操并非与生俱来，而是来自后天的教育和专门培养。换言之，法学教育对于法律人高尚的思想品质和职业道德的培养非常重要。既然良好的品德需要在实践中养成，法学教育在不断提高学生专业水平的同时，就应将思想道德教育提升到与法律知识教育同等重要的位置，改变一直以来重视知识传授而忽视道德教育的倾向，将学生的思想道德教育作为法学教学的重要内容；时刻关注学生高尚品质的培养，把思想政治教育贯穿于法学教育教学活动全过程，积极引导学生担当社会责任，提升学生道德水平，从而让学生形成良好的思想道德品质。

（二）良好的职业道德素养

拥有良好的法律职业道德素养是对法律人内心德行的基本要求。"作为一种素养，法律职业伦理属于行为准则而没有层次之分，它是对构成法律职业共同体的每一个人的内在要求。"职业道德是指从事一定职业的人们，在开展本职工作的职业活动过程中，应当遵循符合自身职业特点的基本道德要求和道德准则。"法律职业不仅是一项实践性极强的活动，更是一种现代性的道德实践。"这种道德实践意味着，法律职业具有区别于其他职业的特殊的道德特质。首先，法律职业具有鲜明的政治属性，属于政治文明的范畴；其次，法律职业的本质属性是其法律属性，法律职业是运用法律解决社会问题的工作，法律职业的内容与法律本身存在千丝万缕的联系；最后，法律职业还具有行业属性，不同法律职业人员之间的道德界限是存在差异的，体现在职业道德上的具体要求是不同的。例如，对法官和检察官的职业道德要求，就和对律师的职业道德要求是不一样的。而且，从法律职业共同体文化素养出发，"立身明德"要求每一位法律人要明确并保持良好的品行，实现高尚的价值追求。由此可见，良好的法律职业道德素养是法律共同体的共同道德底线，每一个法律人都应当以此为最低标准加强自我道德建设。法学教育和法治人才培养应当以培养法律人良好的法律职业道德素养为基本目标之一。

（三）实现中华民族伟大复兴的使命感和责任感

中共十九大报告指出，实现中华民族伟大复兴是近代以来中华民族最伟大的梦想。围绕实现中华民族伟大复兴的历史使命，法治人才的培养更为强调法科学生较之一般社会成员更强的正义感、使命感和责任感，只有这样，才不会仅仅把法律作为谋生之"器"，才不会斤斤计较个人得失，而是以实现社会公平和社会正义为价值追求。法律是一个非常庞大、复杂并且不断变化的职业，它要求法律人不但要具有专业知识、专业技巧和技能，还必须要拥有共同的价值观并承担应有的责任，以此来证明这一职业持续地享有参与法律事务唯一权利的正确性。实践表明，法律人具有实现中华民族伟大复兴的使命感和责任感时，更有利于凝聚建设中国特色社会主义法治国家的精神动力，这同时也是实现中华民族伟大复兴的重要因素和国家进步、社会文明、人民幸福的重要标志。当法律人都具备了良好的思想道德品质时，民众幸福感和民族自豪感将成为凝聚社会共识的重要力量，社会中的每个成员都将致力于公平正义的维护，自觉成为国家法治秩序的维护者和捍卫者。法学的理想和价值就是让法律成为保障人们过上美好生活的公器，实现社会的公平正义。因此，全面发展的法治人才不仅应该具有法律从业者的综合素质，还应该具有从事法律职业所必备的知识能力，更为重要的是应该具有社会主义法治信念和社会责任感。为实现这一人才培养目标，在法学教育中既要重视法律知识、法律条文的讲授和掌握，还要注重知识、条文所隐含的价值观的讲授和掌握。

对法学专业的学生而言，他们应充满自信和期待，同时必须要有社会担当意识和实现中华民族伟大复兴的使命感、责任感。尽管当前社会发展进程中还存在一些问题，但我们必须要有正确的立场、坚定的信念，法学教育一定要注重学生的人格培养，包括对于中国社会、中华民族的责任感和使命感。对于高等学校而言，为培养法科学生的使命感和责任感，法学教育应立足于我国法治实践，在教学中始终关注国情、民情和社情，培养学生的"中国问题"意识和"本土法治"意识；同时不断拓宽和提升法学教育的国际视野、国际眼光、国际交往力和国际竞争力，正确处理好传统与现代、本土和世界的关系，让学生树立起无论将来走上何种法律职业岗位，都应当把自我命运和国家前程紧密联系起来，将实现自己未来事业的愿景融入中国特色社会主义伟大事业的建设进程中的远大理想。

三、知识教育与实践教育并重

立德树人、德法兼修是中国特色社会主义法治人才培养的基本路径。在立德树人方面，要着重提升法治人才培养的道德伦理水平；在德法兼修方面，除了要将思想政治建设摆在法治人才培养的首位，把社会主义核心价值观融入法治人才教育教学全过程外，还应当适应全面依法治国方针下各行业、各领域依法治理的要求，培养既有法学专业知识技能又有创新精神、实践能力的复合型、应用型的高素质法治人才。

一方面，法治人才应当具有系统完整的法学专业知识结构，为参与全面依法治国打下坚实的法学理论基础和深厚的法学功底。结合当前法学教育的发展实际，在创新法治人才培养机制以培养全面依法治国所需法治人才方面，同加快建设社会主义法治国家的新形势、新要求相比，法治人才培养质量和机制还存在一些不足和问题，主要表现为：学科结构不尽合理；法学类学科体系、课程体系不尽完善；社会急需的新兴学科、交叉学科供给不足；法学学科和其他学科交叉融合还不够深入；教材编写和教学实施偏重于西方法学理论，缺乏鉴别和批判；存在法学教育重形式、轻实效，法治人才培养重专业教育、轻思想政治教育的现象；等等。因此，要培养中国特色社会主义新时代所需的法治人才，就要加强知识教育，以开放和编写反映新时代特点的法学课程、教材为着力点，深入开展法学基础理论研究，吸收各方力量形成法治人才培养共同体，加强法学学科与其他学科的交融。具备全面、系统的法学专业知识体系对于法治人才从事各行业的法律工作和法律服务非常重要，这是法治人才从事特定行业的法律工作的前提和基础。在当今我国的法治建设中，没有任何行业的发展可以游离于法治之外，都需要通过规则的治理，方能不断提升行业的发展能力和业务水平。因此，在法治人才培养过程中应当以知识教学为本，为法治人才今后从事法治实践奠定良好的专业知识基础。

另一方面，法治人才应当具备娴熟的法律实务技能和良好的法治实践能力。成为一名优秀的法律人，既要有良好的对法律的直觉和敏感，又要有法律人的良知和法治精神、法治信仰。尤其重要的是，要通过积极参与社会实践加强自我法律职业技能和判断力的训练，提升作为法律职业共同体成员的法治素养。法律的生命力在于实施，法治人才必须具备对社会生活的敏锐观察力、逻辑思维能力、口头表达能力和文字写作能力。除此之外，在大数据时代，法律理性与技术理性的高度融合，使得传统司法优势与现代技术优势的碰撞与交融日益明显；加之法律本身天然的滞后性、原则性，这就要求法律人还必须具有较强的将理论运用到实践中的能力，即将"纸面的法变成生活的法"的能力。但目前法学教育的法治实践教学效果不太理想，虽然大多数学校都有模拟法庭、法律诊所、法律谈判、法律调解、基层公共法律服务等体验式、操作式、交互式教学等实践教学环节，但往往流于形式，达不到实践教学的预期目标和要求。

要培养适应新时代需求的高素质法治人才，就要将实务工作部门的优质实践教学资源引进高校，形成高等学校与法治实务部门的合力，将培养中国特色社会主义德法兼修的法治人才作为法律职业共同体的共同事业。有调研数据表明，长久以来，依靠传统的、法学教育部门单独承担的法治人才培养机制所培养的学生偏重理论知识，缺乏应有的法治实践能力、社会担当意识和法律职业道德，难以达到建设高素质法治工作人才队伍的要求。因此，要不断推进高校与法治实务部门人员的定期合作交流，并通过制定规范性文件的方式将交流合作、协同育人的机制和方式固定下来，形成制度化、常态化、长效化的工作机制；并建立起充分的保障机制和科学的评价机制，确保法治实务部门能够真正、切实参与法治人才培养的全过程，落实每一个培养主体在法治人才培养中的基本职责。

四、提升高校法学教育教学效果

（一）准确把握高校法学教育目标

法学作为一门实践性极强的学科，决定了高校的法学教育绝不是纯粹的象牙塔式的文字理论教学，法学教育目标的制定应以满足社会实际需求为准则。而在社会层面，不仅需要具有丰富理论知识的法学家对社会现象、问题进行研究、论证，也需要具有丰富实践经验的律师以及其他法律实践工作者为社会提供法律服务，还需要具有较高的法律职业素养以及辨法析理能力的法官、检察官对案件进行定分止争，进而达到维护法律的权威以及社会正义的目标。所以，高校法学教育目标的制定决不能过于单一化，而应该具有综合性。法学教育除了需要传授学生基本法学理论之外，也需要注重对学生法律实践的引导，还需要注重提升学生法律职业素养，以不断适应社会发展对法学教育所提出的新要求。

（二）积极转变高校法学教育方法

传统的高校法学教育以课堂式讲授教学为主，虽然有利于学生掌握系统的法学理论知识，但却不利于学生实务经验的积累，导致学生进入社会后由于缺乏相应的实务经验而难以找到自身的职业定位，最终对法学生的就业率产生影响。所以，高校的法学教育方法应加以改进，从传统上以法学理论为主的教学方法转变为将理论与实务两者并重的教学方法。尤其面对当下重理论而轻实务的教学现状，法学教育除了课堂式的讲授教学方法之外，还可以通过加入相关案例教学，通过对典型案例的分析来引导学生进入案例情景，然后对案例背后所蕴含的法学理论知识以及解决实际法律问题的技巧进行讲解。这样不仅能以小见大，使学生能够更加深刻地理解抽象的法学理论，而且也能使学生亲自体验获取知识的过程，激发其求知欲，有利于培养学生创造性思维能力以及批判精神。除此之外，实践中高校还可以进一步推进模拟法庭活动。正所谓"实践出真知"，在模拟法庭中，由学生自己扮演和案件相关的诉讼参与人，并按照案件事实以及法庭程序来真实还原法院审判的全过程。这样不仅能够增加学习法律知识的趣味性，还有利于使学生对相关案件的发生、预防、处理以及涉及的法律法规有更为深刻的认识和理解。最后，为了使学生能够学以致用，还可以开展诊所式的法律教育。法律诊所不同于传统的法学教育，其更加注重对学生自主学习能力、法律思维能力以及灵活运用法律解决问题能力的培养。在法律诊所教育中，学生能够亲自参与到案件争议的解决过程中，不仅能使其更深刻地理解法律的内涵与要义，还有利于培养其法学实践能力。

（三）打破高校同实务部门间的体制壁垒

当前的法学院校和实务部门之间具有明显的体制壁垒。法学院校作为高等学府，掌握着大量的法学基础理论知识，但是实务经验较为欠缺。而对于诸如法院、律所、政府机构等实务部门而言，其掌握了大量卷宗材料以及实务经验，但可能在法学理论基础方面较为薄弱。因此，应破除高校同实务部门之间的体制壁垒，充分发挥法律实务工作者在高校法学教育中的积极作用。具体可以在高校的法学教育过程中积极聘请律师、法官、检察官以及其他法律实务人员担任高校教师，实现理论型教师与实务型教师的双线并行式教学模式。在该种并行式模式下，不仅可以使学生学习系统法学基础理论，还可以在实务型教师的引导下，使学生能够将法学基础理论同具体案件的知识点相融合。例如中国政法大学除了传统的法学基础理论以及实务课程之外，还开展了庭审同步直播、庭审录像观摩以及案卷阅览等诸多形式的实践教学活动，学生通过观看庭审直播、录像或者翻阅相关案卷材料来了解司法实务中的相关问题，最终实现法学理论与实践经验的同步发展。

（四）探索新时期高校法治教育模式

1. 探索"人工智能＋法学"的教育模式

人工智能技术的迅速发展不仅推动了法律服务与行业活动的智能化，也给高校的法学专业教育模式也带来了诸多影响。为了培养出更多适应智能化要求的法治人才，法学教育应做出积极的回应与变革。大学慕课便是很好的尝试，不仅能很好解决传统法学课堂概括性教学的问题，使学生能够实现个性化以及差异化学习，而且还能实现优势教育资源的共享，使学生能突破时间、地域以及师资力量的限制，其学习潜能也可以在最大程度上被激发。此外，高校还应该引导教师转变传统的教学观念。高校教师作为推动教育创新发展的中坚力量，面对智能化变革的背景，不仅应积极探索智能化的教学方案，将智能化技术运用到法学基础教学中，还应该引导学生在法学学习过程中掌握各种智能技术，着重培养其法律思维能力、推理能力以及解决问题的能力，使其能适应人工智能时代对法治人才新的需求。

2. 探索"慕课＋法学"的教育模式

建设"慕课＋"法学本科教学模式需要高校及教师主动进行一系列教学改革。首先需要更新理念、明确目标、提供实施思路，为更加细致地进行改革奠定基础。

（1）树立"慕课＋"法学本科教学理念

当前急需教师树立"互联网＋法学本科教学"的理念，认识到充分利用互联网信息技术突破现有法学本科教学质量提升障碍的重要意义，认识到充分利用互联网信息技术改进教学设计、教学组织和教学评价等的巨大价值。在优质法学"慕课"越来越丰富和体系化的背景下，教师应当优先树立"慕课＋"法学本科教学理念。为此，需要破除以课堂讲授为主要甚至是唯一教学环节的课程教学观念，通过宣传和教学培训帮助教师认识到互联网信息技术对于传统法学本科教学的强烈冲击，认识到在教师时间投入增量有限的情况下，提升课程质量的主要途径在于充分利用互联网。要通过教学评价、教学保障体制机制创新，改变教师忽视网络教学资源作用、回避优秀法学"慕课"的做法。要促使将教师在科学研究和日常生活中对互联网的充分应用同步到法学课程教学上。要促使教师在教学中充分应用中国裁判文书网、北大法宝等各种法学专业数据库，高度重视和应用网络教学平台上的优秀法学"慕课"，进而建设支撑学生利用"慕课"开展自主学习的线上线下混合式教学课程。

（2）细化"慕课+"法学本科教学目标

"所有法学专业的培养目标最后都要落在培养法治人才上，法治人才比法律人才的适应性更强，要求实践性更强。"建设"慕课+"法学本科教学模式，应该将法学专业人才培养课程教学大纲确定的目标，转化为融合学生自主学习"慕课"与线下教学的具体教学目标。只有增加模拟现实法律问题解决的教学环节，才能培养学生形成实践需要的能力和素质。由于教学活动由教师、学生和特定的教学环境构成，因此细化课程教学目标要达到特定教师、特定课程、特定学期各不相同的程度。

"慕课+"法学本科教学目标的具体化，要从知识、能力和素质三个维度着手，并且最终落实到课程教学的具体教学环节、具体教学措施及学业评价机制上。在细化课程教学目标的过程中，需要同时注意促进学生认同课程教学目标。学生认同课程教学目标是促进学生了解和认同课程具体教学改革措施的重要条件，是形成师生教学合力的重要前提，因此具有重要意义。可以通过向学生征求意见、详细宣传讲解，并且采取专门教学措施如学生教学目标达成情况自评等方式促进学生认同课程具体教学目标。

（3）明确落实理念和实现目标的基本思路

在明确"慕课+"法学本科教学理念并且提出更为细化的教学目标之后，需要厘清落实思路。我们认为，基本思路是完善教学设计，设计并采用新的、具体的教学环节及教学措施来落实。具体而言，需要将具体化的教学目标对应到相应的教学环节上去，通过新的教学环节构建起新的师生互动交流形式。例如，培养学生的自主学习能力，就需要设计常态化、周期性的学生自主学习环节，安排经常性的自主学习任务；又如，培养学生的法学专业口头表达能力，就需要设计常态化的学生口头报告、口头发言、论辩的教学环节并且完善相应的评价措施。除了以教学环节承载理念和具体的教学目标，还需要充分发挥平时成绩的指挥棒作用，即制定和公布详细的平时成绩分布和评分规则。在落实"慕课＋"法学本科教学理念和具体教学目标方面，教学管理者需要发挥教师和学生的积极性、主动性，尊重和支持师生的教学实践创新，鼓励不同的课程、不同的教师、不同的学期采取不同的教学实施方案，针对性地培养法科学生的相关专业能力和素质。

五、优化法学专业课程体系

优化法学专业课程体系是深化法学教学改革的前提条件。法学教育改革涉及法学教育理念、教学模式、教学方法、教学手段等诸多方面，其中课程体系改革是深化法学教学改革的前提和基础。因为法学专业课程体系重构，可以实现法学教育各要素如目的、课程、教学、评价等教育模式的现代化和重构，进而推动法学教育改革的深化。特别是在法学实验教学方面，根据全面实施依法治国的需要创新法治人才培养的课程体系具有战略性意义。法学实验教学是指在我国法学教育过程中开展的旨在训练学生法律实践技能的教学模式，它是与理论教学互相衔接、互相支撑的法学教学体系的一个重要组成部分。从性质来说，法学实验教学具有实务训练的性质，体现了法学教育与法律实务的内在联系。从教学目的上来说，法学实验教学的核心目标是训练、提升学生的法律实务技能，是法学教育中的实践性教学。从其在法学教学体系中的地位来说，法学实验教学是法学教学不可或缺的组成部分，它是与法学理论教学密切相连的教学任务的延续。法学实验教学意味着法学教育由单一的知识型教育评价标准向全面素质型评价标准转变，其目标的具体实现，应当根据法学实验课程的特点对课程目标、课程要素、教学环节、教学方法等进行设计。

第二章 法学教育教学方法的改革

本章内容为法学教育教学方法的改革，分别从中国法学教育教学方法的历史与现状、法学教育教学方法改革的必要性、法学教育教学方法改革的目标模式、法学教育教学方法改革的实现机制四个方面展开论述。

第一节 中国法学教育教学方法的历史与现状

法学教育是随着国家和法律的出现而产生的，是与一定历史阶段相联系的社会现象。因此，法学教育必然深受特定历史阶段的经济结构、政治法律制度、文化传统及教育状况等因素的影响，并且这种影响也会反映在教育方法当中。但是，教育有其自身的规律，一定的教育方法无论是在思想传统上还是在技术上，都有其内在的继承性，都会对教育方法未来的发展产生影响。同样，中国法学教学方法的现状与中国历史上的教育思想和教育方法之间也存在着密切的联系。

一、中国古代的法学教育教学方法

中国法学教育源远流长。在漫长的社会发展过程中，中国法学教育自成一体、独具特色。然而，中国的传统法学教育是在自给自足的封建专制社会中产生和发展起来的，并且深受中国传统儒家文化的影响。中国古代社会有着悠久的教育传统和法律文化，但是，在宗法家族的社会结构和独尊儒家的社会意识形态构架下，不仅以儒学为主流的所谓"礼制"成为社会的基本行为规范，法律仅仅是实现礼制的一种手段，而且在社会教育中，儒家思想和经典的传授也成为社会最主要的教育目的和教育内容，法学教育被置于"义"教中的礼法教育之中。在中国古代社会，儒家构筑了以道德教育为核心的教育体系，正如法律的地位居于道德之下一样，法律教育也被置于道德教育之下。

在这样的教育框架下，法学教育方法也深受儒学教育方法的影响和限制。由于儒学教育的目的是使受教育者完全地接受既存的社会伦理道德观和行为规范，压制受教育者的思想自由和创造精神，其教育方法也必然表现为奉经典的书本知识为神圣，以教育者讲授、阐述和论证经典为主要甚至是唯一的教学方法，以受教育者完全地接受经典中的思想甚至是文字为教育的基本目的。而古代科举制度中的考试内容又大大地强化了这种教育方法的实际价值。因此，在古代中国，教育是以教师讲、学生背为基本方法进行的。这种教育方法不仅对当时的法学教育产生了根本性的影响，而且对以后中国法学教育的发展产生了长期的影响。

中国古代社会自给自足的自然经济结构对古代社会的教育及教育方法产生了深刻的影响，同样也对法学教育教学方法产生了深刻的影响。中国古代社会以个体家庭为基本生产单位，农户自给自足，相互之间几乎没有经济交往，正所谓"鸡犬相闻，老死不相往来"。封闭型的经济结构导致了师傅带徒弟式的"私塾"教育模式，"先生"手把手地教学生，将自己的思想传授给学生，并且严厉地督促学生接受其所传授的知识。灌输式的教育方法对中国教育和教学方法发展的影响是极其深远的。

中国古代的宗法伦理思想也对教育思想和教育方法产生了重要的影响。"父父、子子、君君、臣臣"的伦理道德观严重地束缚着人们的思想，而在教育过程中，"先生"与学生的关系被看作父子关系，即所谓"一日为师，终身为父"。在这种观念下，教师对于学生来说具有绝对的权威性，学生只能机械地接受教师所传授的思想和知识，而不能有半点怀疑，更不能有自己的思想。在社会正统的伦理道德观的支撑下，灌输式的教育方法进一步被强化，成为影响中国社会数千年的传统文化的一部分。

总之，在中国古代社会，教育的目的、社会的经济结构、社会的意识形态等诸多因素都导致了一种灌输式教学方法的产生和发展，使之成为具有深厚历史根基的教育模式，并且直到今天都对中国的教学方法和法学教学方法产生着实际的影响。

二、中国近代的法学教育教学方法

19 世纪中叶以来，中国社会处在由传统社会向现代社会转变的历史转型时期，整个社会的政治、经济结构发生了巨大的变化。这种变化不仅改变着中国社会的经济结构和政治环境，也对中国教育的发展起着巨大的推动作用，引起了中国教育结构和教育方法的变革。

从总体上看，在这一时期，中国教育的变革主要表现为由传统的官学私学并存的师傅授徒式的教育模式逐渐向以"洋学堂"为代表的西学教育模式转变。在这一转变过程中，中国的教育表现出以下一些重要的特征。

①西学对中国教育内容的演变产生了很大的影响，近代自然科学和社会科学的知识开始对中国的教育产生影响，在教育中所占的地位越来越重要。中国近代教育模式的演变与西方列强对中国的经济和文化入侵相关联，西方列强在用枪炮打开中国的大门、疯狂地对中国进行经济掠夺的同时，也伴随着对中国的文化入侵。西学的科学性和近代的革命思想，加上中国知识分子为了自强而对西学的接受态度，使得西学在中国各主要城市中开始传播，以传授西学为主要目的的近代学堂开始建立并迅速发展起来。在近代中国，以西学为主要教学内容的新学成为中国教育的主导性潮流。由于西学所反映的自然科学具有客观性和可检验性，因而在教学过程中对中国传统的灌输式教学方法产生了冲击。

②在城市中流行新学的同时，广大的农村地区依然将中国传统的儒学文化作为基本的教育内容，从而使中国近代教育呈现出二元化的特征。尽管新学成为一种时代潮流，代表着中国教育发展的方向，但是由于社会的经济结构、文化观念、师资状况等诸因素的作用，在幅员辽阔的中国农村地区，新学的影响极为有限，传统的教育模式仍然被延续下来。延续下来的传统教育模式无论是在教育内容上，还是在教育方法上都对中国教育的发展继续产生重要的影响。

③与教育内容的巨大变化相比，中国教育在方法上的变革显得微不足道。由于中国教育的变化主要是受西学的影响而发生的，因而这变化的过程主要表现为教育内容的移植。而教育方法则根植于传统的教育文化之中，基本上保持着传统的模式。即便是在新式学堂中，受过传统教育的教师也常常使用其所习惯的教学方法来传授新的知识。由于近代中国并未真正完成民主革命的历史任务，在国家本位和权力本位的价值观念支配下，教育追求为专制权力结构培养可用之才的目的，因而受教育者的接受和服从依然是教育的重要标准，这就成为传统教育方法得以延续的最重要的社会背景。

在这一时期，虽然教育制度发生了深刻的变革，但是正如中国社会在这一历史时期中所发生的变革轰轰烈烈却极不彻底一样，在教育的巨大变革中，传统的教育思想和教育方法也极其自然地保留下来。法学教育在这一历史时期也有了重要的进展。随着清末法律变革的发生，以近代法律制度为主要教学内容的法学教育迅速发展起来，变革以后的中国法律制度和西方近代法律制度成为法学教育的主要内容。但是，进行法学教育的思想并未发生根本性的变化，在这一方面，传统教学方法的延续大约是最好的例证了。

1911 年以后，中国社会的经济和文化背景都发生了巨大的变化。在经济结构上，市场经济开始发展起来；在文化传统上，经过"五四"新文化运动的洗礼，中国传统文化在与西方文化碰撞、融合的过程中向现代文化转变。在这样的背景下，中国的法学教育和法学教育方法也发生了新的变化，并呈现出以下一些特征。

①在办学体制上，民国时期注重加强公立院校的办学力量，也注意扶持办得好的私立院校，同时允许外国人投资办学，形成了多种力量办学的局面。这一时期的高等院校都是按照西方的学校模式建立起来的，但就法学教育而言，由于师资结构的原因，许多学校的法学教育并没有达到专业的标准。在 20 世纪二三十年代，"只有 5 所官办的法律学校是严格意义上的法学院"，另有两所教会学校（上海震旦大学和东吴大学）的法律系或法学院也专门教授法律，"其他的法律学校则讲授法律学、政治学和经济学方面的一般性课程"。

②在师资队伍方面，除了少数专业外，绝大多数教师都直接或间接地接受过西方的教育。在教会开办的法律学校中，在华执业的外国律师是其主要的教师来源，一些官办的法律学校也聘请英国、法国、美国或日本的法学家、律师或法官担任教学工作。其他一些法律学校的教师也大多因在西方国家留学而接受过西方教育，或者因在国内早期的"洋学堂"学习而接受西方的教育，但是由于语言上的困难，这些教师大部分是通过日本学习法律知识的，因而深受日本法律思想和法律制度的影响。总之，当时的法学教师在知识结构上已经初步具备了传授现代法学知识的能力，其中有些人甚至是优秀的知识分子。

③教师在具备现代科学文化知识的同时，也深受中国教育文化传统的影响。除了外国教师以外，大多数的法学教师虽然在国内或国外接受过西方教育，但是他们都生在中国、长在中国，大多数人的基础教育都是在中国完成的，有些甚至是在偏僻的农村地区完成的。中国社会的文化传统和旧式教育方法对他们的影响是潜移默化的，而他们对现代法学知识的理解也还仅限于对其知识内容的接受，对其作为一种文化现象所包含的思维方式的革命，以及这种革命对教育和教育方法的影响却几乎处于茫然不知的状态。

④由于清末民初中国法制变革的出现，以及后来中国社会法律制度的发展，使得社会对法律实务人才的需求量大大增加，这种需求大大刺激了法学教育培养目标和培养方式的变革。在学校的法学教育中，开始重视培养学生掌握实用的法律知识和技能，并且训练和提高学生的执业能力。但是，从总体上看，教学方法的改变仍然不能适应法学教育培养目标的要求，传统的课堂讲授、经验传授等教学方法仍然是法学教育中经常使用的主要方法。

总之，在近代中国社会中，由于社会的转型和法律的变革，法学教育的目标已经开始发生重大的变化；但是，由于受社会的教育传统、教师的教育背景等因素的影响，中国的法学教育呈现出在近代学校体制下以传统的教学方法传授近代法学知识的奇特现象。

三、当代中国的法学教育教学方法

1949 年以后，中国的法学教育进入了一个新的历史时期。新中国成立初期，国家建设需要大量的政法人才，政府在接收原有大学的基础上，通过新建和院系调整，先后设立了中国人民大学法律系、东北人民大学（吉林大学的前身）法律系、北京大学法律系、北京政法学院、复旦大学法律系等高等院校法律系，并且在理论体系、师资培养、教学内容等方面全面向苏联学习，使新中国的法学教育很快地适应了社会主义建设的需要。这一时期培养的一批法学人才在以后很长一段时间内发挥了巨大的作用，他们中的一些人直到今天仍然是我国法学界的旗帜性人物。

但是，从 20 世纪 50 年代后期开始，中国的政治环境发生了很大的变化。在以阶级斗争为纲的"左"的思想影响下，法律在国家生活中的作用逐渐被忽视，在新中国成立后长达 20 年的时间内始终没有建立起自己的法律体系，直到"文化大革命"期间，法律虚无主义泛滥，国家的法律制度从组织形式上受到根本性的破坏。在这样的社会背景下，中国的法学教育也受到极大的影响，无论是在教育思想、教学内容还是在教学方法上都表现出那个时代的特征。而中国传统的教育方法则在这一大背景下悄然回潮。在教育思想上，这一时期的法学教育越来越强调政治（政策）对法律的决定性作用，否认法律的相对独立性和权威性；在教学内容上，这一时期的法学教育大量地增加了政治和政策方面的内容，由于立法本身的匮乏，法律在教学中所占的比重大大减少；在教学方法上，对政治和政策的推崇必然导致强调灌输的教学方法，通过灌输实现学生对政治和政策的全盘接受和绝对服从。在这样的教育模式中，中国传统教育文化中注重现有知识的传授、注重通过教师的讲授来实现知识的传授等固有传统都具有可行性，从而在实践中得到强化。

20 世纪 70 年代末，以中共十一届三中全会为标志，中国开始了一个新的历史时期。在从计划经济转向社会主义市场经济的同时，法制建设也重新受到重视，立法和司法制度都以史无前例的速度建立起来，社会对法律人才的需求急剧增加。同时，随着检察、审判和律师制度的不断完善，应用型法律人才的供需矛盾日益凸显。20 世纪 80 年代中期以后，全国几乎所有的主要法学院系都在大力改革法学教学的内容，使之在更加适应实用法律人才培养的需要的同时，也开始对法学教学方法进行改革，以更加有效地培养学生在实践中运用法律的能力。在这一时期，法学教学方法的改革主要表现在以下几个方面。

第一，教师的课堂讲授从纯理论的讲授方法向理论结合实际的讲授方法转变。教师在课堂讲授的过程中重视理论教育的同时，对讲授实体法律规范、法律在具体适用的过程中所产生的问题，以及解决这些问题的理论的和实际途径（例如最高人民法院的司法解释）等实务内容的重视程度也大大提高。许多教师在积极参与教学和科研的同时，也通过兼职做律师来积极参与法律实践活动，因而其实践经验大大地丰富起来。这就为教师的课堂讲授从纯理论的讲授方法向理论结合实际的讲授方法转变提供了可能性，并且有效地促进了这种转变的发生。

第二，在保持以课堂讲授方法为主的情况下，课堂讨论的方法作为讲授方法的补充，在课堂教育中所占的比例大大增加。课堂讨论最初是作为加深学生对课堂讲授内容的理解的一种方法而被使用的，但教师们逐渐发现课堂讨论有助于培养学生运用法律规范的能力，因而在利用课堂讲授一般原理和一般规范的情况下，通过组织学生进行课堂讨论来提高学生运用法律的能力。但是，组织良好的课堂讨论需要教师对法律实践活动有较好的了解，并且需要有较强的组织能力，因而在师资不能满足要求的情况下，课堂讨论的方法也不能达到理想的结果。

第三，案例教学的方法越来越多地被采用。据相关调查显示，有 38% 的法律院系使用案例教学方法进行教学的课程占法律课程总量的 20%～30%，30% 的院系达到 10%～20%，另有 30% 的院系达到 30% 以上，只有极个别院系的比例在 10% 以下。调查同时显示，采用案例教学方法的课程主要是实体法和程序法课程，只有少数院系在诸如法理学、法律史学类的课程中使用案例教学的方法。此外，有将近 30% 的院系教师自己编写案例集用于案例教学，所使用的案例来自法院公布的案例、其他研究人员编写的案例，以及教师自己实践中接触的案例。

案例教学是实践中产生的教学方法，人们在理论上对这种教学方法的讨论和研究还不多，因而对这一教学方法的理解也不尽相同。从实践中被使用的情况看，案例教学方法通常在以下几种意义上被使用：①在课堂讲授中运用具体案例以说明教学内容；②在课堂讲授基本理论和规范的基础上，组织学生讨论案例以加深对讲授内容的理解；③在一门课程中系统地通过讲解案例来引出所要讲授的理论和规范知识；④通过组织学生研究和讨论案例来理解法律的内在精神，并且对实在法做出系统的归纳和评价。

在法律院校的教学活动中，①、②种意义上的案例教学方法被广泛地使用，而③种意义上的案例教学方法在一些具有丰富教学经验和较高教学水平的教师的院校中已经开始使用，并且编写了专门的教材。④种意义上的案例教学方法的实质在于通过组织学生对案例进行研究和讨论，启发他们用法律解决现实问题的方式、目的和所应当具有的内在精神，以便更加深刻地了解现存的法律规范，并且建立起对法律适用的评判标准。严格地说，这种意义上的案例教学法还没有在实践中出现。

第四，从法学教学手段的角度看，一些新的法学教学手段开始被用来改进教学方法。这一方面表现为许多院校注重增加学生法律实践活动的时间和频度。例如，一些院校增加了学生到政法部门实习的时间；或者以学生为主体组建法律援助中心，面向社会提供法律服务；或者利用录像、电视等手段让学生观摩实际的法律实践活动；等等。根据相关调查资料可知，有38%的法律院系的教学计划中，包括实验、实习和模拟实践等内容在内的实践性教学环节所占的比例达到15%；另有28%的院系约为10%；22%的院系为20%；只有不到10%的院系的这个比例为5%。另一方面，还有一些院校则开始利用计算机进行辅助教学，以进一步强化法学教学的手段功能。问卷调查表明，计算机设备在法律院系中已经开始得到普及，24%的院系专门为教师配备的计算机已经达到每2名教师1台；14%的院系达到每4人1台；32%的院系达到每10人1台。这个数字还不包括教师自己购买并使用的计算机。有2个院系已经开通法学专业的远程网上教育系统，另有4个院系正在开通，还有将近30%的院系已经有了开通的计划。这些手段的利用都可以有效地配合一定的教学方法以达到特定的教学目的。

总之，当代中国社会变革所引起的对法律人才需求类型的变化正在某种程度上引起法学教学方法的变革。而在今天，法学教学方法的改革正在成为法学教育改革中引人注目的重要问题之一。

第二节　法学教育教学方法改革的必要性

中国法学教育教学方法改革的必要性主要有以下两方面。

一、传统法学教育方法存在弊端

法学是一门实践性很强的学科，其精髓在于应用。但传统的法学教育大部分采取讲授式的教学方法，它是在教学过程中，教师通过对法学理论和法律条文的讲解向学生传授知识，学生被动地接受知识的过程。这种教学方式更为注重法学的理论性知识，尤其对于缺乏理论功底的学生而言，更易于在短时间内掌握基本理论知识。但由于其忽略了法学的实践性，因而它的弊端也是十分明显的，主要体现在以下两个方面。

①该教学方式是以教师为主导的，基本遵循"讲听记"的路线，而检测学生对法学基本理论掌握程度的方式则是以背诵为主的闭卷考试，基本缺乏对学生的法律实务能力的培养。因而培养出来的学生大部分只会简单地套用法律条文，遇到具体的案件则无法进行全面的法律分析，更缺乏处理疑难复杂案件的能力，造成社会普遍反映法学毕业生实际运用能力薄弱，对实务运作方式缺乏了解，在毕业后难以迅速适应岗位角色。据司法部门反映，学生毕业到法律实务部门工作后，至少要用三四年的时间才能够适应审理案件、处理案件、代理各种法律事务。

②传统法律院校的课程设置几乎没有关于法庭辩护、庭审实践等基于实践能力培养之类的课程。这种"填鸭式"教育的目的是将教材知识传授给学生，而学生只是单纯被动地接受这些知识，因而无法形成独立思考与思辨的能力。但法律思维能力是法律人最核心的素养，是一个合格法律人所不可缺少的基本技能。这样的教学模式往往导致了相当一部分法学毕业生在司法实践中难以凭借严谨的法律思维推导出解决法律问题的正确方法与结论。传统法学教育方法与法学教育培养全方位的高素质人才的目标是相悖的，是无法满足我国当代司法实践对法学人才的需求的，因而该种教育方法存在的弊端使得法学教育改革显得尤为必要。

二、法学实践教学方法存在问题

自 20 世纪 80 年代中期以来，我国的法学教育越来越强调理论联系实际，因而越来越多的高校法学院系开始努力探索与改革新的法学教育方法——注重实践性教学模式。应用比较普遍的方式是开设模拟法庭或法庭辩论课程，但在具体的教学过程中仍存在一些问题，主要包括以下两方面。

（一）案例教学比例小，收效甚微

目前大部分高校法学院系已启用案例教学的方式，但只占课堂教学的一小部分。并且其目的往往不是提高学生分析和解决法律问题的能力，更多的是用来激发学生的学习兴趣，有时甚至会为吸引学生而在案情介绍上人为地夸大情节。其结果是学生经常一笑而过，收获甚少，无法达到培养学生严谨有序的逻辑思维能力的目的。这种教学方式的运用与注重法学实践性而普遍采用案例教学方式来训练学生的法学思维能力的英美法系国家之间是存在极大的差别的。

（二）模拟法庭带有表演性质，难以发挥演练的作用

模拟法庭课程教学是法学教育中的一种重要的实践教学方法，它有利于提高学生的法律实务技能，因而目前在各大高校法学院系中得到了较为普遍的推行。但许多高校法学院系的模拟法庭，从事实到证据，往往是由双方学生相互协商确定的。为了保证整个过程的流畅性，双方甚至将在法庭上的意见与争议点乃至情感表达事先都进行了演练，事实与证据也早已有定论，形成一个模拟法庭的"剧本"。待模拟法庭正式开庭后，双方学生即将事先排练的成果按照"剧本"通过各自的角色展示出来。因而模拟法庭就纯粹变成了一场司法审判的表演活动，也就失去了其本身对学生法律逻辑思维、口头表达能力与法律分析能力的锻炼作用，达不到实践性教学所要达到的目标了。

在此，我们并非否认案例教学以及模拟法庭等实践性教学方式的重要作用，只是它们存在的问题是需要被关注与解决的，这需要各大高校法学院系不断探索与尝试。因此，当前法学教育教学方法的改革仍然是非常有必要的。那么，探索一条既注重法学的理论教育，又兼顾实践技能培养的综合教学方式无疑具有积极意义。

第三节 法学教育教学方法改革的目标模式

法学教育教学方法改革的目标，是探索一种新的时代背景下能够促进法学教学目的的实现的教学方法，其主要特征是具有思想性、知识性和实践性。其实际运用不仅有助于学生学习任务的完成，并且有助于使学生在学习期间便形成对其未来工作至关重要的学习能力、理解能力和实践能力。

法学教学方法的思想性，是指法学教学方法应当能够有效地促进学生形成科学的世界观、人生观、法律观和学习观。思想教育是法学教育的重要内容，也是法学教育的一个重要环节，法学教学方法应当充分体现法学教育的思想性。但是，法学教学方法的思想性并不是简单的政治说教，它要求教师通过一定的教学手段的运用，潜移默化地引导学生牢固地树立起法律工作者所应当具备的追求真

理、维护公平的人生观，崇尚法律、勇于捍卫法律尊严的法律观和勤于学习、刻苦钻研的学习观。这些观念培养都只能通过教师运用有效的教学方法去调动学生的学习积极性，启发学生执着地探求法律的精神，并且在各种观点的比较和交锋中不断地提高自己。因此，法学教学方法的改革应当摒弃那种把教学方法仅仅看作传授专业知识的手段的错误观念，注重教学方法中所包含的思想性内容，真正把对学生思想的培养融入教学过程中去，实现教学方法服务于教学目的的宗旨。

法学教学方法的知识性，是指法学教学方法应当能够有效地促进学生全面地、深刻地掌握法律和有关法律的知识体系。强调法学教学方法的改革并不是全盘否定原有法学教育中系统教育的传统，而是要改变实现系统教育的方法，其实质是改教师系统地讲授的方法为教师引导学生系统地学的方法。因此，新的法学教学方法仍然应当坚持教学内容的系统性，教师应当综合利用多种教学手段促使学生系统地掌握基本的法律知识和技能。但是，两种教学方法在促使学生系统掌握法律知识和技能的基本手段方面却有着根本区别：原有的教学方法强调教师系统地讲授，而新的教学方法则强调教师引导学生系统地学习。两种教学方法的差异是显而易见的。实现法学教学方法的知识性目标要求教师对整个教学过程进行精心的组织，针对不同的教学内容选择相应的教学方法，在讲清基本原理的基础上，引导学生通过自主学习和相互交流来扩展自己的知识，全面地把握法律制度的完整体系，同时获得扩充自己知识体系的能力。

法学教学方法的实践性，是指法学教学方法应当能够有效地促进学生法律实践能力的提高。有效地提高法律专业学生的实践能力是法学教学方法改革的重要目标之一。随着社会主义市场经济的发展和法治国家的建设，社会对实用型法律人才的需求迅速增长，绝大多数法律院系的毕业生所从事的都是法律实务工作而非理论研究工作。

因此，培养学生的实践能力成为法学教育的重要目标之一。法学教学方法的改革必须适应社会对法律人才需求和法学教育目标的变化，不断增强教学方法的实践性，运用各种可能的手段培养和锻炼学生分析问题和解决问题的能力、书面表达和口头表达的能力，并且帮助学生掌握法律实践中经常使用的方法和技巧，以使学生在走上工作岗位以后能够很快适应工作。显然，学生实践能力的培养要求法学教学方法的多样化，要求学生的主动参与，要求给学生以独立思考和充分表达的机会。而这些都要求增强法学教学方法的实践性。

法学教学方法改革的思想性、知识性和实践性目标在实际的教学过程中表现出一些更为具体的特征。我们认为，作为法学教学方法改革的目标模式，新的教学方法在教学过程中应当包括以下几个循序渐进的环节。

首先是教师引导性讲授。与现有教学方法中的教师讲授不同，教师引导性讲授并不是教师对教学内容的系统讲授，而是对所要讲授的内容产生的社会和历史背景进行概括性介绍，不仅基本上不需要涉及教学内容本身，而且在教学时间的安排上也仅占很小的比例，其目的仅仅是使学生对学习对象获得一般性认识。

其次是为学生指定课外阅读材料，包括教材及参考书的相应部分、不同观点的研究成果、教学内容所涉及的相应知识在实践中的应用案例，以及实践中出现的有关教学内容的新的法律现象。

然后是以阅读笔记的方式安排学生进行书面练习。要求学生在阅读以后就计划教学内容的基本理论知识进行综述，或是就阅读中所涉及的学术观点进行综合分析评价，或是就阅读材料提供的法律问题阐述自己的观点。

再次是组织课堂讨论。教师应当在分析学生书面作业的基础上，有针对性地提出讨论题目，引导学生围绕理论上模糊的问题或是法律的实际应用问题进行广泛的讨论。

最后是教师小结。新的教学方法中的教师小结不是教师简单地强调教学内容中的重点内容，而是教师对讨论中出现的观点和问题进行综合评价，尤其要对学生在讨论中表现出来的独立思考能力给予肯定和鼓励。

与现有的法学教学方法相比，作为改革的目标模式的教学方法更加强调学生的课外阅读和课堂讨论。教师在教学过程中应当注重抓好两个教学环节：一是学生课外阅读材料的选择；二是对学生课堂讨论的引导和总结。选择学生课外阅读材料在新的教学方法中具有极为重要的地位，它一方面决定着教学活动所涉及的知识范围和学生所掌握的知识的广度和深度，从而决定着教学方法的知识性；另一方面也决定着学生课堂讨论这一教学环节的质量，从而决定着整个教学方法改革的成败。此外，课外自主阅读这种方式本身也培养了学生学习的自觉性，锻炼了学生自学的能力，迫使学生在阅读中养成独立思考和解决问题的习惯。因此，在法学教学改革的过程中，教师应当改变过去那种主要依赖教师课堂讲授来系统地传授法律知识的一贯做法，逐步加大学生课外阅读量，通过为学生提供阅读材料并且促使学生在课外广泛阅读的方式来完成法律知识的系统传授。在广泛阅读的基础上，有效的课堂讨论既为学生相互交流学习创造了条件，也为学生运用在阅读中获得的知识解决实际问题提供了机会。但是，为了达到这一目的，教师还必须改革现有教学方法中组织课堂讨论的形式。一般来说，现有的课堂讨论总是在教师已经就某一理论问题进行了系统的课堂讲授以后，再组织学生就讲课所涉及的内容进行讨论，或是通过讨论具体案例来加深对课堂讲授内容的理解。显然，这种讨论仅仅是教师课堂讲授的补充手段，是为教师课堂讲授服务的。在新的教学模式中，课堂讨论方法的使用是为了检验和巩固学生课外阅读所获得的知识，启发学生独立地思考和解决实际问题，因而不能照搬原有的课堂讨论模式。

在新的教学方法中，教师组织课堂讨论应当首先提出需要学生通过讨论来解决的基本问题，并且根据学生的实际水平将基本问题分解为更为具体的问题，以便使学生能够实际运用他们在阅读中所学到的知识；在学生广泛讨论的基础上，教师还需要对讨论中出现的观点和思路给予概括性的评价，以便对学生学习和思考问题的方法进行引导。显然，与现有的课堂讨论不同，新的教学方法中的课堂讨论不以教师的讲授为基础，而应当以学生的课外阅读为基础；不以教师的思路为基础，而应当以学生的认识为基础；不是让学生被动地适应教师，而应当让学生主动地、独立地去思考理论和实践中的问题。通过设计并组织良好的课堂讨论，可以使学生在实际解决问题的能力、思维的能力、表达的能力等诸多方面都得到有效的锻炼。在这种模式的课堂讨论中，教师提出问题和综合评价的能力至关重要。若这两个环节处理得好，课堂讨论可以收到良好的效果；而处理不好，则会使课堂讨论流于形式。

总之，能否正确地引导学生进行广泛的课外阅读，并且有效地组织学生进行课堂讨论，是法学教学方法改革在教学形式上的两个重要的标志。其与法学教学方法的思想性、知识性和实践性特征一起，构成法学教学方法改革目标模式的组成部分。

第四节　法学教育教学方法改革的实现机制

一、促进法学教师转变教育观念

实现教学方法的改革，承担一线教学任务的教师无疑具有举足轻重的作用。教师是教学活动的组织者，其知识水平、教学思想和教学能力在很大程度上决定着特定教学方法的选用、课堂教学的运行状况和实际的教学效果。从根本上说，法学教学方法的改革首先取决于教师教育教学思想的转变，这种转变应当包括以下几个方面。

第一，由片面强调教师在教学中的主导性向强调学生在学习中的能动性转变。教与学是教学活动矛盾的两个方面，旧的教学观念把教看作矛盾的主要方面，片面强调教师在教学活动中的主导作用，忽视学生自身的需要和能动作用。其结果是课堂教学中教师按照自己预设的教案"满堂灌"，学生只能被动接受教师讲授的内容的现象盛行。这种以教师的活动为教学的主导方面的观念应当被彻底转变。现代高等教育教学过程的特点决定了高等学校的教学活动应当更加重视学生这个主体，教学方法应当能够充分调动学生的学习积极性。这是因为：①高等法学教育中的课堂教学时数比中学大大减少，大部分时间由学生自己学习。在这种情况下，大学生能否完成学习任务取决于他们是否具有学习的积极性和自学的能力。②高等法学教育的教学内容一般具有深、专、广、难的特征，教师在课堂上讲课时间有限，大量知识要靠学生在课后通过主动、积极、独立的学习来获取，没有自学的积极性和能力是不能有效完成学习任务的。③高等法学教育所要培养的是法律实务人才，他们毕业后不仅要独立从事工作，而且还必须随着法律的不断发展而独立地完成继续学习的任务。这就要求高等法学教育必须在学生在校学习期间便培养学生自主学习的积极性和能力。因此，实施法学教育的教师必须完成教育思想的转变，将培养学生的学习积极性和学习能力放在首要的地位。

第二，法学教师对于教学内容的观念，应当从以单纯传授理论知识为主向传授知识与培养能力并重转变。长期以来，法学院系的学生在校期间主要通过课堂和书本来系统地学习理论知识，对法学学科的基本概念、规律、价值等知识体系有较好的掌握。但是，由于教师在观念上将理论知识的传授作为教学的主要任务，导致教学内容的自我封闭，与社会的法律现实严重脱节，既不利于培养学生解决实际问题的能力，也不利于帮助学生从现实生活中把握枯燥的理论知识。其结果往往是事倍功半，所培养的学生不仅缺乏运用法律的能力，而且还会由于感受不到法学理论的实际效用而产生轻视理论学习的现象。因此，法学教师应当牢固树立传授知识与培养能力并重的观念，无论是在制订教学计划、选择教学内容，还是在安排其他教学环节的时候，都应当体现着重培养学生能力的思想，处理好理论知识和实际能力之间的关系，将理论和实践有效地结合起来。

第三，法学教师对于教学环节的观念应当从单纯重视教学内容向内容和方法并重转变。法学院系的教师对于教学内容的理论性和完整性都给予了足够的重视，通常对一门课程所涉及的理论体系都能够给予全面的介绍，但是对于教学方法的研究却普遍不够，没有把教学方法对于教学效果的影响给予充分的重视。事实上，在法学教育中，教学方法与教学内容同等重要，甚至前者有更为重要的作用。这一方面是因为任何教学内容都需要通过一定的方法才能传授给学生，方法选择得当，可以使学生更好地掌握一定的教学内容；另一方面则是因为教学方法的选择不仅关系到学生对教学内容掌握的广度和深度，而且还关系到对学生学习积极性的激发和学生实践能力的提高等重要的教育目标。因此，法学教师应当对教学方法给予足够的重视，投入更多的时间和精力去研究和改进教学方法。

总之，法学教师教育教学思想和观念的转变是法学教学方法改革的重要条件，如果这一转变不完成，法学教学方法的任何改革都是无源之水、无本之木，不可能达到预定的目的。

二、积极稳妥改革现有教学方法

（一）创设情境，激发学生的学习兴趣

在开展法学课堂教学工作的过程之中，针对教材所包含的不同的教学内容，以及所面临教学对象之间的差别，课堂上也需要采取不同的教学方法。教师可根据不同的环节合理地对教学资源进行有效的配置，组织学生利用合理有效的方法，结合最直接的方式完成既定的教学目标。这样既完成了授课的任务，也最大限度激发了学生的学习兴趣。利用现代化信息技术把校园的课堂和法院的审判庭连接起来，能够真正地达到案例教学的目标。

利用现代化信息技术，能够保证教师控制学生的屏幕并与学生实现双向的交流和一对一的辅导。在信息技术支持下，学生在课程结束之后可以搜集更多的法学资料，与其他同学进行探讨；也可以利用信息技术不受时间、地点限制的优势和特色，参与到开放式的知识学习过程之中。在这样的环境影响下，学生能够更加主动地学习，也能够掌握更多的知识，进而提高自身的能力。

（二）主动适应并借力现代网络信息技术手段

现代网络信息技术手段对法学教育的影响全面而深刻。在新文科建设背景下，法学教育应紧跟新一轮科技革命和产业变革新趋势，处理好"形式"与"内容"的关系，"适应教育信息化与法治建设信息化的新形势，推动法学专业教育与现代信息技术的深度融合"，把技术形式、方法手段的变化与教学内容内涵的提升结合起来，从"形式"到"内容"实现全面变革。

第一，要在"形式"上实现法学教育的信息化。这主要体现为：①在教学方

法方面，从传统的课堂讲授转向运用现代科技手段进行全流程教学，综合运用各种教学软件（如"雨课堂""学习通"等），实现智慧教学全覆盖。②在教学资源方面，充分发挥我国网络大国的优势，突破国家、地区及学校之间的局限和壁垒，实现优质教育资源在网络空间的共享。尤其是在涉外法治人才培养方面，学生不仅要利用国外法律数据库获取美国联邦及地方法院和英联邦国家的案例、法律法规和法律学术论文及评论文章等资料，而且要利用国外专业法律网站修读国外法学院的专业课程。③在教学效果评价方面，建立健全以大数据为基础的法学教育质量常态监测体系，实施法学专业认证制度，强化高校质量保障主体意识，实现法学教育效果评价机制的信息化。

第二，要在"内容"上反映法治建设信息化的形势。在网络化、信息化时代，法学教育要在"内容"上反映我国法治建设信息化的形势，培养能够满足法治建设信息化需求的法治人才。例如，面对"智能化司法"的新形势，一方面，应通过增加"类案技术的习得、人工智能理论与技术知识的获取、职业伦理和技术伦理的养成"等内容，结合智能化司法实训，教会学生使用案件追踪系统、案件计划系统、视频会议系统、文件获取系统等智能化系统。另一方面，考虑到"通过云存储和计算，智能研判系统可存储大量法律规则"的事实以及"人工智能只擅长策略分析，并不精通价值判断"的特点，可适当减缩对法律规则的讲授时间，而增加法律价值、法律理念、法律原则等的比重。此外，各高校还应从法治实务部门获取数字化法治实务资源，并将其用于实践教学环节。

（三）运用视频案例进行法学教学

我国一直以来都是以法律来约束公民的行为，同时促进国家的发展，所以也能够看出法律对于我国的社会进步有着非常重要的意义，是我国国民拥有良好生活环境的基本保障。在法学教学工作开展和实施的过程之中，使用视频案例这种教学方法能够使法学教学课堂变得更加具有趣味性，学生也能够在灵活多变的教学环境下掌握更多的知识。

由于视频案例不能涵盖课堂所有的内容，也不能够解决学生提出的所有问题，所以教师还需要根据课堂实际需求，在播放视频的过程中引导学生对重难点问题进行思考。在达成共识之后，依然需要讲解教材中所涉及的基础性知识内容。这样的教学方法就可以把理论与实践相结合，最大限度地传达了课堂教学的意图，激发了学生学习的兴趣，也能够提高学生学习的积极性，进而打造高质量的课堂环境，实现法学教学的双重效应。

（四）利用现代教育信息技术建立法学专业课程资源库

针对法学课堂教学工作开展的过程中需运用网络进行知识的传递，需要建立起法学这门专业课程的教学资源库。这也需要校园给予一定的支持，保证法学专业的教师能够结合当前的教育环境以及教育的现状，有针对性地对资源进行整合利用。其中包括教学的大纲、电子的教案、教学的录像、课件、例题、试题、法律法规、文献等不同的资源内容。这样的方法能够保证资源库的种类繁多，学生在学习和使用的过程中也能够更加的自如。任课教师可以使用校园系统从资料库中查找到合理的资料，进行有目的的组合，以此开展课堂知识的传递，以及相互之间探讨、交流和解答问题。学生也可以利用这样的系统自行检索，自主地进行法律相关知识的学习，提出一定的问题，完成作业和测验等。通过网络建立起法学教学论坛，师生可以在线或者离线的形式进行信息传递，以此达到最佳的交流效果，也能够最大限度地接近面对面教学的效果。在网络支持下，使师生之间的交流变得更加的密切，生生之间也可以有效地进行互动反馈，并运用不同的信息不断地修正自己解决法律问题的思路和方案，补充和完善问题解答的内容，以此实现最佳的教育效果，也能够保证学生掌握更多的法学相关的知识内容。

（五）创新性模拟诉讼实验教学方法

模拟诉讼实验教学是法学教学改革和卓越法律人才培养过程中一次有益的尝试，其丰富了高校法学教育的内容与方法，已获得了法学教育界的普遍肯定与适用。例如，中山大学法学院早于20世纪八九十年代就开始了模拟法庭实验教学实践，并率先于2005年成立了"中山大学法学实验教学中心"（以下简称"中心"）。中山大学法学院下设模拟诉讼实验室，开设了模拟刑事诉讼、模拟民事诉讼、司法文书写作等实验课程，组织开展了模拟诉讼实验教学与全国性大学生模拟法庭竞赛。针对当前我国高校模拟诉讼实验教学的现状及其弊端，结合我国模拟诉讼实验教学的具体实践，可从以下几个方面探索改革的途径。

1. 强调教师与学生在实验教学中的"双主体"地位与互动作用

与传统的法学理论课程不同的是，模拟诉讼实验课程具有教师与学生两个教学主体，即不仅包括学生"学"的过程，也包括教师"教"的过程。在实验课程中，学生不仅仅是学生，还可以当一回教师——主导实验的进程、指挥不同的模拟诉讼实验角色参与实验等，充分发挥学生实践的主观能动性；教师也不仅仅是教师，而是以教学辅助人的角色在课前提供充分的实验知识、课程中提供充足的实验素材、课后及时进行教学总结。在实验全过程中，学生与教师应当紧密互动，实现教学相长。

但仍应强调的是，在模拟诉讼实验教学的过程中，教师的指导不能缺席。具体来说，教师在模拟庭审前的指导可以分为一般性指导和针对性指导。每个案件都是政治、道德、经济、文化等各个方面的综合体，学生由于缺乏生活和社会经验，往往对案件涉及的某些方面的知识储备不够，这个时候就需要教师加以点拨和说明。因此，在一般性指导中，教师首先要介绍案情及相关证据，并引导学生找到所选案例中涉及的法律问题；而后才是针对性指导，这也是帮助学生将书本所学知识转化为实践能力的过程。以模拟刑事诉讼为例，教师有必要针对法官组、检察官组、辩护组、证人组等不同的角色予以分别指导。例如，在对法官组的指导中，应当着重引导学生如何把握诉辩双方关键分歧之所在，如何指挥庭审，如何引导诉讼双方去揭示案件事实真相，如何撰写判决书；在对检察官组的指导中，应当指引他们如何阅卷，如何梳理案件的证据并为撰写审查终结报告做准备，根据所掌握的证据应以什么罪名提起诉讼，如何撰写起诉书和公诉意见等；在对辩护组的指导中，应当引导他们如何确定争议焦点、收集证据，如何确定辩护思路，如何进行关键证据的质证以及如何撰写答辩状、辩护词、刑事附带民事起诉书等法律文书。但是，值得注意的是，教师在指导的过程中不应对案件情况做出具体的结论或判断，以免影响学生的自主判断。

2. **严格筛选教学案例，建立、完善模拟诉讼实验教学案例系统**

模拟案例的选择关系到模拟法庭实验教学的质量。学生往往是通过中国裁判文书网、北大法宝数据库、《最高人民法院公报》等渠道找到一些经典案例，直接或者在改编之后作为模拟法庭训练的案例运用。但是，在网上获得的案例往往只有一份判决书，其他材料都无从获得，学生只能凭一纸判决书去想象和制作证据。而且，低年级学生尚不具备改编好案例的能力，难免出现纰漏。因此，教师应为模拟法庭实验教学中所运用的案例把好关。高校可以通过与法院、检察院、律师事务所等法律实务部门建立合作关系，收集并定期更新符合模拟诉讼实验教学要求的典型案例，建立模拟诉讼实验教学案例库。对于案例的选择，应当考虑如下几点：一是符合诉讼特征。注意选择具有可辩性、有争点、控辩双方均有一定道理的案例。二是符合时代特征。注意筛选新近发生的、贴近生活的、在现行法律规定涵盖范围内的案例。三是符合教学要求。注意选择可供改编、复杂程度适宜、长度适中的案例。

对于案例数据库的建立与完善，应当综合运用法律专业知识进行案例分类，根据案由、管辖级别、争点、诉讼程序等不同标准进行分类，每个类别均保证一定数量的案件，以确保实验教学的质量。建立模拟诉讼实验案例库是一个长期且工作量甚大的系统工程，可采取从局部到整体的方式推进，先完善某个或某几个功能模块，最后再整合成为系统。主要可以分为三个阶段：第一阶段是案例与数据收集转化阶段。从面上铺开，初步选择一批典型案例以及合作的人民法院做出的裁判资料，包括判决文书和案卷证据材料等，通过扫描等方式全部电子化，并制作电子文档。第二阶段是案例加工与模型建构阶段。进行专业深加工，从点和质上提高，在第一阶段的基础上筛选典型案例，做出专业分析，包括适用规范、证据推理、裁判要旨、法理评析等基本项。第三阶段是统合调试阶段，将前两个阶段的案例进行综合集成，筛选出若干符合实验教学要求的典型案例供每年教学使用。

3. 建立、完善我国模拟诉讼实验教学评价机制

法学实验教学评价体制对高校教师、法律专业学生在实验教学活动中的工作和学习起到了极大的激励作用，尤其是对提升法学实验教学的地位、完善法学教育评价机制、促进法学教育的改革，以及提高学生的实践应用能力、教师的实验教学水平，促进法学实验教学活动的科学发展都具有重要的意义。考虑到现阶段的实验教学还处于起步阶段，现阶段可以考虑采取如下措施：第一，建立、完善对法学实验教学教师的评价机制。主要做到两点：一是理论与实验相区分，建立有别于理论课程教师的评价标准与方式，对实验课程教师的课酬与课时比例进行适度提高，激发教师全程参与指导课程的积极性；二是区分一般性法学实验课程教师的绩效考核、法律诊所教师绩效考核、法学实验竞赛项目教师绩效考核，进行有针对性的教学评价，制定能体现学科或活动特点的绩效考核制度。第二，进一步完善学生评价机制，具体措施包括：完善学生网络评教平台；完善学生与教师的沟通交流平台；进一步开发新媒体支持下的实验教学评价功能或平台，如充分利用微信、微博等新媒体对实验课程进行评价，扩大实验教学的影响力。第三，建立、完善第三方独立评判机制。通过创设第三方独立测评的权威机构，能够客观、公正、专业地进行评价，最大限度地保证评价结果的公正性与可信度。

第三章　法学教育实践教学模式的探索

本章为法学教育实践教学模式的探索，主要从法学实践教育原理、法学教育实践教学目标指引性设计、法学教育实践教学模式系统化建设、法学教育实践教学形式多元化发展四个方面进行了深入论述。

第一节　法学实践教育原理

一、法学实践课程的界定

对于法学实践课程这样一个新概念，需要结合法学教学实践的特征进行界定。有学者认为课程是为达成训练儿童和青年在集体中思维和行动的目标而进行的一系列经验的总结，有学者认为课程是学生在学校指导下获得的全部经验。纵观国内外相关文献，对课程的定义多达上百种，其中较有影响的定义为以下几种：①课程是一种学习方案。这是我国学界较为普遍的对课程的理解，把教学计划作为课程的总规划，把教学大纲作为具体知识材料来叙述。②课程是一个具体学科的内容。③课程是有计划地学习经验。这是西方最为流行与最有影响力的课程定义，它认为课程是学生在学校教师领导下所获得的全部经验。而相对于课程概念的多元化，对实践的界定则较为统一，主要有四个方面的要素：一种活动；改造自然和社会的活动；客观的活动；与理论相对的活动。结合实践的概念并考虑到法学教学的实际，法学实践课程是指贯穿着法学学科运行整个过程的活动，与法学理论课程相对，注重学生的参与体验与反思，通过个性化体验来完成。

二、法学实践课程的特点

（一）实践性

法律实践是一种具有创造性的工作，并不是简单的逻辑推理过程。实践教学主要通过课堂外有计划、有组织的一系列实践活动，来培养法学专业学生具体应用法律基本知识解决实际问题的能力。法学实践课程在目标上注重学生实践技能的培养，以能力为本位，具体包括学生的法律思维能力和法律操作能力。

从法律思维能力来讲，司法实践是复杂灵活的，不像书本知识那样相对固定。它没有现成和绝对确定的答案，教师应当在与学生讨论的过程中假设各种可能性，引导学生去发现有关的事实材料、法律规范、各种可变因素以及各因素之间的复杂关系。通过这种思考和分析找出最佳的可行方案，培养学生的法律思维能力。

从法律操作技能来讲，传统教学的目的在于引导学生掌握系统的知识体系，学会通过分析条文和逻辑推理得出正确的答案，却使学生无法得心应手地应用法律知识解决具体问题。法学实践课程的主要内容就是学习如何收集、分析、判断及确认信息和事实，如何运用心理学语言行为分析方法以及经济、文化、社会、道德等方法分析法律的实际运行和操作情况，通过这些课程内容来实现对学生法律操作能力的培养。

（二）启发性

《教育部关于进一步深化本科教学改革全面提高教学质量的若干意见》中指出："要大力推进教学方法的改革，提倡启发式教学，注重因材施教。"在实践性课程中，教师为学生提供分析案情的方法和思路，通过讨论式、问题式、交互式等启发式教学方法，采用社会实践、社会调查等形式来提高学生研究和探索的兴趣，从而激发学生的积极性、主动性、批判性思维，增强学生对新知识的解释、推理、运用能力。因此，法学实践课程在方法上的启发性有利于因材施教、增强教学效果。

（三）灵活多样性

与法学理论性课程的教学方式相比，法学实践课程的学习和实践形式更加灵活多样，其强调课内与课外相结合、课上与课下相结合、校内与校外相结合。同时，每门具体的课程都有自己独特的实践形式。比如，在观摩实习中，学生以旁观者的身份认真观察各类司法机关的运作模式，获得直观上的认知感受；而在模拟法庭上，学生则通过亲身扮演法官、检察官、律师、原告、被告等不同角色来体验庭前、庭中和庭后的情况；又如法律诊所，学生以代理人的身份接触真实的案件，直接为当事人提供法律援助，完整地体验案件的整个处理过程。

（四）综合性

法学实践课程把学生置于真实或近乎真实的环境中，以学生亲身参与实践为主，以教师指导为辅，在实际的工作或模拟的实践活动中让学生学会主动应用所学知识，并结合自身能力解决问题。学生不仅要综合地运用各章节的法律知识进行分析，而且要综合地运用本学科的知识进行分析，建立起完善的认知结构。实践教学培养了学生的操作能力、自学能力、组织能力、观察能力、写作能力、表达能力、管理能力以及专业意识等综合性能力。

三、法学实践课程的重要意义

教学目标应当根据不同学科的不同要求来确定，法学教学目标的双重性决定了实践教学的必要性。实践教学既能提高学生分析问题和解决问题的能力，又能活跃学生的思维，强化学生主动学习的意识，弥补课堂讲授中的不足，全面提高学生的专业素质和能力。法学实践课程设置的意义主要体现在以下四个方面。

（一）实现教育国际化

美国法律哲学家指出：如果一个人只是一个法律的工匠，只知道审判程序之规程和精通实在法的专门规则，那么他不能成为第一流的法律工作者。有学者则认为，司法是一种"人为理性"，需要通过长期直接接触司法实践才能形成。从未来社会经济和科学技术发展对高等教育人才需求的基本趋势及其质量标准来看，人才的素质问题逐渐成为人们关注的焦点，而人才素质的核心之一，就是人才的创新意识、创新思维和创新能力。法学人才的培养模式决定着社会法律的运转模式，因此，法学教育必须树立国际意识和全球意识，以具有国际性和国际竞争力的法学教育来应对经济全球化趋势，培养具有应变能力和适应能力的高素质人才。

（二）克服传统法学教学方法弊端

我国的传统法学教育通常以传授系统和科学的法律知识为目的，教学内容上注重书本和课堂理论教学，忽视对学生分析和处理实际法律案件能力的培养。由于这种法学教学模式过于抽象，学生的主动性和创造性不能得到最大限度的发挥。同时因为实际应用的欠缺，学生对其所学的知识得不到正确的认识和理解，知识难以巩固。单纯的讲授式教学不利于培养学生的创造性思维，更不利于培养学生运用法律独立分析和解决问题的能力。因此，通过实践教学对学生进行实践性法律教育，可以训练学生解决具体案件的能力，并从中学习选择法律、分析法律、解释法律和使用法律的方法。

（三）培养高素质法律人才

在激烈的社会竞争中，具有竞争力的人才必须具备很强的以创新能力为基础的适应能力、分析问题与解决问题的能力。为此，法学教育必须注重对学生分析问题、解决问题能力的培养。教师必须在观念上从被动接受型向主动思维型转变，通过实践教学使学生在实际工作中发现自己的潜能和价值，发展自己的个性，锻炼自己的能力和素质。实践性课程的开展可以使学生真实体会法律职业的特色、增强职业技能，在概念、原理这些思辨性的规则之外，依靠主体的情感体验来完成知识的现实应用。同时，由于法学实践教学使用的知识也并不是单纯的法律规定，而是综合运用社会学、政治学、心理学、经济学、医学等多学科的知识，这样能够对学生进行多方面的培养。

（四）衡量法学教育质量

高校的教学质量水平是高等教育质量水平的重要体现。提高法学教学质量，培养理论扎实又具备创新能力与实践能力的复合型法律人才，一直是法学教育孜孜以求的目标。从当代高等教育的人才培养目标来看，课程设置应当满足时代性、实践性、探索性、综合性的要求。法学实践课程则满足了以上课程设置要求。法学实践课程可以反映立法与司法的最新进展，反映法学学科研究的最新学术成果，可以很好地体现时代性。法学实践课程以实践为主要形式，能够满足学生走上社会的实际需要，具有很强的实践性。法学实践课程重视培养学生的创新精神，具有较强的探索性。法学实践课程打破了部门法教学的局限，完整地体现了司法实务的整个流程，学习内容上不仅使学生学到了法律应用常识，还增长了其他方面的社会知识和自然知识，全面完善学生的知识体系，具有综合性。由此可见，实践性课程开展的好坏与否可以作为衡量法学教育质量的重要指标。

四、法学实践教育的功能

目前，法学实践教育已经逐步被我国各高校接纳，在教学活动中所占的比重也日益增加。其主要的原因在于，法学实践教育在弥补传统理论教育不足的同时，更提升了学生的专业能力。具体而言，法学实践教育的功能有如下几方面。

（一）道德教化功能

法学作为一门特殊的学科，在教育教学方面更加强调对学生道德素质的培养，而法学的实践教育活动更具有道德教化功能。无论从事哪个行业，都要具备一定的职业道德素质与职业操守。而对于将要从事法律工作的法学专业的学生来说，除了要具备过硬的专业知识技能素质之外，更重要的是要有公平公正的职业操守和相应的职业责任感，积极维护当事人的合法权益和社会的公平正义。正如古希腊哲学家亚里士多德所说："公正不是德性的一个部分，而是整个德性；相反，不公正也不是邪恶的一个部分，而是整个邪恶。"当一个社会中出现纠纷时，在非诉讼的调解机制不能化解的情况下，以诉讼程序解决纠纷来避免社会冲突的发生无疑是最佳的途径。但是如果诉讼过程中的各个法律参与者都缺乏职业道德，那么整个社会就会进入一种无序的状态，通过司法的手段化解矛盾也就无法实现。当前在我国从事法律工作的人员包括法官、检察官、律师等，他们中的一些人可能只接受过一定的法学方面的教育，并没有取得法律执业资格证书。有的甚至并没有接受过相应的法学专业教育，仅依靠在该领域较长时间的工作经历和较强的关系网络来处理一些法律方面的事务。这就导致法律从业人员的素质良莠不齐。

学生时代正是一个人世界观和价值观塑造的关键时期。如果我们能在法律专业学生的培养过程中设置实践教育环节，让学生在学习过程中能够接触具体的案件，通过实践活动去体会法官、检察官、律师、当事人等不同的角色，激发他们维护社会公平正义、化解纠纷的决心，通过让学生切身体会去潜移默化地提升他们的道德素养，那么我国法律工作界所面临的从业人员道德素质不高的问题便可以得到很好的解决。总之，从长远来看，法学实践教育的道德教化功能对于提升法律人才的道德素质是非常重要的。

（二）转化功能

实践是检验真理的唯一标准，但同时认识对实践活动又具有能动的反作用。法学教育亦是如此。法学理论教育与法学实践教育是相互依存、相辅相成的，法学理论教育是法学实践教育的前提，只有经过大量、充足的理论知识的积累之后，才能在之后的实践活动中做到有的放矢。相对于具体的自然科学，学生对抽象的理论知识的理解更加困难。参与具体的实践活动有助于学生理解所学的理论知识，重要的是能将学到的理论知识转化为他们的具体操作能力。在现实生活中，法律从业人员接触的事务要比书本上的内容更加复杂，机械化的思维方式不能适应生活中千变万化的法律事务，在强调客观公正的同时，也对法律工作者的灵活性和创造性提出更高的要求。学生可以通过实践教育的过程，将所学到的理论知识运用在具体的案件中，进行分析、判断、处理，将所学的理论知识转化为自身的业务能力。在模拟庭审的过程中，假如学生作为被告方的辩护人，就需要与原告及其辩护人进行答辩、举证质证、互相辩论。在这一过程中，学生必须运用到所学的专业理论知识，同时考虑案件的特征。对于学生来说，他们收获的不仅仅是对案件本身的思考，同时能够将学到的知识转化为实践能力。

（三）调整功能

在传统的法学理论教学模式下，法学教育内容以书本的理论知识为主，对学生来说这些理论仅仅是存在于书本上的，对现实生活并没有太大的影响。传统的法学教学模式更多地陷入一种"为教育而教育"的困境，与中国传统的教育模式一样，教师是教学活动的单一主体，主要向学生灌输知识；而学生的学习活动处于被动地位，仅仅是接受知识，缺乏具体的实践操作，更多的是"纸上谈兵"。这会挫伤学生的学习热情和学习积极性。

而法学实践教育更关注学生作为主体在实践活动中的作用，强调师生之间是一种平等的关系，将对学生技能的训练摆在首要位置，及时对传统的教学模式、教学方法、教学体系进行调整。虽然当前在这方面还没有取得较为突出的成就，但相信通过不断的变革，法学实践教育最终将会体现其独特的价值。

五、法学实践教育的目标

在传统法学教育模式的影响下，学界对于法学教育的目标存在着不同的看法。一种观点认为法学教育是为满足社会对专业的法律工作者的需求而培养技术性、实践型人才；另一种观点认为法学教育是为了实现法律知识的传递和研究而培养学术型人才。在不同的教育目标的影响下，各高校采取的教学方法也各不相同。根据我国的具体国情和近年来的司法考试的改革趋势，在众多法学院校的毕业生中，无论是研究生还是本科生，其中只有很小一部分人会从事法学的学术研究工作，他们中的大部分还是会进入相关的法律事务部门从事一些法律方面的技术性工作，其工作的性质更倾向于实践性。但是，在法学通识教育的培养模式下，法学教育的实践性难以体现。法学教育的实际情况与社会需求之间的矛盾日益凸显，需要厘清两者之间的关系，正确解决这一矛盾。

要实现法学教育的高效性，需要建立以需求为导向的教育教学机制。这意味着对于大部分的学生来说，法学教育要坚持实践性的主要目标。但对于这一问题的探讨不能一刀切、过于片面，而要坚持主要目标与次要目标相统一。我们要认识到，部分学生在毕业之后有致力于法学学术研究的志向。尽管这个群体的学生对于整个学生群体而言只占小部分，但是我们不能忽视他们的存在，要在确立教育目标的同时考虑到他们的需求。

具体的法学实践教育目标主要分为三个层次：首先，要让学生具备运用法律思维去思考的能力和惯性。法学实践的最终目的是将成果运用到实际工作中，这时考验的不仅仅是学生的专业技能，对于他们的思维方式也是一种考验，要让他们像法律人一样去思考，尤其是批判性思维，对于他们处理复杂的法律事务来说是必须具备的素质。其次，只拥有法律的思维方式但是没有经过专业的技能训练和实践的磨炼也是不行的。在法律事务中，有许多专业技能如会见、咨询、谈判、起草法律文件等都是需要经过专门的训练才能达到实践的要求的。就像要成为一名优秀的医生，只学习理论是远远不够的，需要在与病人的接触过程中不断地揣摩研究才能实现实践技能方面的质的进步。法律的实践也是这样，需要不断地历练才能做到精益求精。最后，要明确法律人的职业道德伦理与职业操守。法律工作作为一项特殊的行业，它不像流水线的工作一样机械地完成就可以了。它是一份需要包含着某种价值判断与情感认同的神圣工作，需要法律人在实现社会公平公正的同时勇于承担相应的责任，培养具有良知与责任感的法律人。

六、法学实践课程的设置原则

任何学科的课程设置必须考虑本学科的教学目标。法学实践课程的设置一方面要考虑教学的实效性，另一方面也要考虑课程设置的可行性及效果。在设置法学实践课程之前，首先应当对其设立的原则予以明确。

（一）科学性

课程的设置应当具有科学性，该原则要求在构建法学实践课程体系时不能只停留在具体课程形态上，而需要整体考虑法律专业培养模式。具体而言，其包括两个层面的含义。

1. 全面性

全面性是建立在法律专业的整体教学基础之上的，课程体系的设计要反映与课程相关的所有要素。对教育目标的具体要素进行分析，对学生需要具备的每一种能力的培养而开设的课程进行全面的规划。

2. 系统性

实践性课程体系应当形成一个有机的整体，关注体系中各部分之间的联系。优质教育的产生不是偶然的，它需要周密的计划、娴熟的教学技能以及能确保每位学生有机会达到所修课程之目标的总体结构安排。各门课程之间应当形成一种合力，实现实践教学效果的最佳化。需要注意的是，这里的系统性既包括课程体系内的系统性，也包括课程体系外配套制度的系统性。

（二）可操作性

可操作性原则要求法学本科实践性课程体系具有实际操作性。实践性课程应当实现课上与课下相结合、课内与课外相结合的目标。增强实践性课程体系的操作性，是保证课程体系质量的有效手段。各高等院校的法学专业应当结合本校和本地区的实际情况，在设置课程时需要保证实践课程的可操作性。可操作性的保障需要考虑三个方面的因素：①本校的专业方向。每个学校的专业方向侧重有所不同，各高校应当根据自身的专业特色来选定相应的课程。行业性高校则更应当根据自身的行业特色来确定自身的培养方向，从而设置相对应的实践课程。②师资构成。要从单纯的理论型师资与实践型师资的差异着手，重点突出实践型师资对实践课程开设的重要性，只有具有实践型师资力量才可以开设相对应的实践课程；③实践基地资源。对实践课程的开设最为重要的一点就是实践基地的建立，如果实践课程没有对应的实践基地，那么实践课程的开设就形同虚设，或者达不到预期的效果。

（三）多样性与开放性

司法实践的丰富性必然带来课程内容的多样性。高等教育的发展是在不断的改革与创新中逐步完善的，课程体系也需要根据司法实践的需求进行适度而及时的调整。课程形态多样化是确保实践性课程在法学教育中的地位的重要因素。从某种程度上来说，法学实践课程设置的唯一标准应当是满足社会的需求，越是稀缺性的行业需求，越能体现实践课程开设的必要性。因此，法学实践课程体系应当是一个开放性的体系。随着社会的不断发展，需要法律人才的行业会越来越多。这些行业既有传统型行业，也有新型行业，新型行业对法律人才的需要必然呈现出新的特征。因此，法律实践课程应当与社会行业的变化紧密结合。同时，也应当针对社会各行业对法律人才的需求量来确定实践课程的开设与否。各高校还应当根据自身的特点来开设特色的法学实践课，尤其是行业性较强的高校，应当根据自身的行业特点、行业需求来确定具体的实践课程。将传统的实践课程与特定的行业实践课程相结合，培养具有行业方向性、特色鲜明的专业人才。

七、法学实践教育的运行

（一）法学实践教育运行中的学分制管理与学制

在传统的法学通识教育模式下，基于大陆法系的特点，中国大部分院校都只将法学的理论教学内容作为对学生进行考核的主体部分，给予较高的学分，而实践方面的教学所占的必修学分比例很小。廖柏明等通过对国内十所大学法学专业本科实践教学所占比重的研究发现，实践教学在必修课中所占的比例与学校对法学实践教育的重视程度成正比关系。学生作为受教育的主体，在很大程度上由于"有限理性"的存在，对实践教育这一环节的重要性认识不足，需要通过制度化的规定来实现实践教育这一目标。通过设置实践教学环节一定比重的学分值对学生造成相应的压力，才能确保实践教育的高效实施。

在我国，法学实践教育的培养主要在本科及研究生阶段完成。在学生进入大学之前，他们所学到的大多是基础性知识，法学方面的知识积累几乎是空白的。进入大学后，他们既要完成通识教育，又要去积累相应的专业方面的实践经验，短短四年的时间对于他们来说是有限的，无法完成超额的任务量。所以，在学习完基础的理论知识之后，他们无法按质按量完成实践环节技能的训练。法律实践这一环节虽然在有的院校中有所设置，但由于受时间的限制，大多流于形式，没有充分的时间去完成。在学制延长的情况下，借鉴医学生的培养模式，将法律人才的培养学制由4年延长至5年或6年。不论是对于学生还是对于学校，均为其完成法学的实践教学环节提供了有利的条件。对于学生，在掌握了一定量的法学基础性知识之后，才有可能去进行法学技能方面的训练，才有可能将所学的理论知识转化为实践技能。没有相应的法学知识的积累，就像一只行驶在没有水的河里的舟，无法前进。在延长学制的情况下，学生将会有更充足的时间在实践中体验、理解法律的规则、原理，最终实现理论与实践的有机结合。

（二）法学实践教育运行中的教学方法变革

在英美法系国家，由于判例法的特点，其法学教育的实践性一直得到较好的体现。在当前中国高校的法学教育中，虽然实践教学方法有所发展，但仍存在不足。戴璇认为，法律诊所、模拟法庭、审判观摩、案例教学、法律文书等是当前我国众多高校法律实践教学最常用的方法，虽然具备了法学实践教育的形式，但还存在着理论与实践相脱节、学校和学生对实践教学环节不重视、师资力量不匹配等诸多问题。

传统的法学教育中教师是教学活动的主体，而法学实践教育强调的是学生的参与，主张教学活动要实现由"以教师为中心"向"以学生为中心"的转变。所以在教学理念上要以学生为中心，将教学方法由教师主导的"填鸭式"向学生自主参与体验的方式转变；要在教学实践过程中突显学生的主体地位，让学生在实践活动中发散思维，教师在积极引导的同时更加注重培养学生解决问题的能力和创造性思维方式；在法学实践教育的过程中，要拓宽法学实践教育的场所，除了学校、模拟法庭等基本场所外，社会也是进行法学实践的一个重要场域。在教师的引导下，让学生参与法院、检察院等部门的具体事务，更能强化学生对实践性的理解。此外，参与到真实案件的代理、咨询、辩护等环节也是培养学生实践能力的有效途径。教师在教学过程中不能过度地依赖教材，可以结合自身经历进行实践环节的教学。同时，要具体内容具体分析，了解各个教学方法的优缺点，选择适合本节课所讲主题的教学方法。

（三）法学实践教育运行中的教学设计

法学虽不同于自然科学，但是就具体实际情况而言，法学在日常生活中是一门应用性极强的学科。由于当前高校在法学实践教育方面还存在着一定的缺陷，能否运用现代化的教学设计模式与方法成为法学实践教育能否成功的关键因素之一。

1. 法学实践教学设计的功能

法学实践教育要实现跨越式发展，离不开科学合理的教学设计。而有效的教学设计能够实现法学实践教育的科学化、高效化。

科学的法学实践教育能够从实际的教学情况出发，尊重教学过程中的客观规律，尊重学生的学习规律，能够全面、客观地看待实际运行中出现的问题并加以解决。虽然在法学实践教学活动中也有教学设计这一环节，但就整体实施状况与实施效果而言，科学性、系统性不足的缺陷仍然存在，法学实践教学活动中的教学设计大多流于形式。部分教师在法学实践教学活动中根本没有进行教学设计，而有些教学设计只是教师在自己的教学经验的基础上主观做出的或者是根据理论课的教学设计经验总结出的教学方案。由于对实践性教学活动不重视，担任实践性教学的师资力量远远不如担任理论知识教育的师资力量强大，教学设计也远不如理论知识的教学设计科学、系统。因此，较为系统、全面、科学的法学实践教育教学设计对提升法学实践教育的质量是至关重要的，对卓越法律人才的培养也是必不可少的。

法学实践教育教学活动中的教学设计还有利于更好地组织利用所拥有的实践

资源。通过合理、科学的教学设计，法律人才培养单位可以根据本地区的具体实际情况，在分析学校学生的特点之后，对实践教育的具体时间和地点、师资力量的分配情况做出判断，真正做到人尽其才、物尽其用，让法学实践教育的作用发挥到最大。

2. 法学实践教学设计应遵循的原则

在法学实践教学设计的过程中，应坚持如下两个原则：传统教育理论与现代教育理论相结合原则、遵循法学实践教育规律的原则。传统教育理论与现代教育理论相结合的原则强调，法学实践教育者在运用传统教育理论的同时，不能忽视现代教育理论的作用。法学实践教育者在进行教学设计时，要注意现代教学策略、教学理念的运用，使教学设计与学生的需求更加匹配。许多现代性的教学设计理论也可以引入教学设计，如建构主义学习理论、人本主义、认知理论等。遵循法学实践教育规律的原则认为，法学实践教育的最终目的是让学生运用学到的知识解决实际生活中的具体问题，是培养理论知识与实践技能同时具备的高素质法律人才。其中提升法律人才的专业技能与职业道德水平是主要目标。遵循法学实践教育规律包括两方面的含义：一是在法学实践教学设计的过程中，要考虑本地区特殊的社会环境与实践资源状况。以上海为例，作为首批沿海开放城市，上海已经成为国际经济、金融、贸易、航运、科技创新中心。在法学实践教学设计过程中，更应该把握这一特殊的社会环境，利用好这些社会资源，让学生参与到这一类型的法学实践教育活动中去。二是要在对不同时期的学生进行了解的基础上对他们的学习能力与学习特点进行甄别，设计出更适合他们的教学方案。法学作为一门特殊的学科，在实践中还具有较强的学科性和专业性，在掌握一定量的专业基础知识之后才能做出合理的判断。诸如不同年级的法律专业的学生在法律知识储备量与法律事务方面的经验是不同的，所以在教学设计过程中一定要充分考虑学生的实际情况并选择适合他们的实践方式。如针对低年级学生，可以安排他们参加校内的观摩活动、社会调查等；针对中年级学生，可以安排他们参加辩论赛、模拟法庭、案例教学等；针对高年级即将毕业的学生，可以安排他们参加社会实习、担任法律义工等。

（四）法学实践教育运行中的教学评价体系建设

1. 评价体系建构的必要性

法学实践教育运行的评价，指对参与实践教育的各个主体及其表现依据科学的评价标准进行客观评价。进行评价的目的不仅仅是对学生在这一阶段的学习成果进行检验，也能及时了解这一教学模式运行的情况，总结经验、改进不足，及时对所采用的教学方法进行调整，保证法学实践教学的高效运行。我国各高校的法学实践教育尚在发展初期，对于法学实践教育运行中的教学评价体系建设没有实现系统化。没有评价就没有提升，没有比较就很难取得进步。因此，要提高法学实践教育的质量、实现法学实践教育的可持续发展，既满足学生对教育的需求，又能让培养出来的人才符合社会的要求，就必须建立科学化、规范化、高效化的法学实践教学评价体系。在确保法学实践教学评价体系完整性的同时，要考虑到其可操作性，让法学实践教学评价体系真正有效地服务于培养卓越法律人才的教育目标。

2. 评价体系的主体

在法学实践教育教学的过程中，参与的主体是多方面的，因此在确定教学评价体系的主体时要将各种关系主体都考虑进来，保障评价主体的多元化。这些评价主体包括学生、教师、领导者和其他人员。

（1）学生

学生是教学活动的主体，法学实践教育教学在实现由"以教师为中心"向"以学生为主体"的转变后，学生在教学评价体系中的主体地位更加突出。学生作为教学活动的亲历者，对教学活动的质量和效果也更有体会，所以实践教学活动开展的效果如何，学生也更有发言权。所以，要让学生对法学实践教育的实施内容、方式、效果等方面做出客观的评价，并对这些反馈进行及时的回应。这些评价可以是对教师教学方面的评价，也可以是对学校在法学实践教育环节的评价。

（2）教师

在法学实践教育教学的环节中，教师更多的是扮演一种参与者和引导者的角色。学校为教师提供实践教学活动所需的场所和条件，教师在遵守学校相关制度的前提下，依照教学内容采取灵活的教学方式与教学手段。在这一过程中，教师起到了一种过渡的作用。他们能够认识到学校实践教育活动中的哪些设施或者制度存在不足，同时对学生的知识掌握情况又能有所了解，所以让教师参与到教学评价过程中是非常重要的。

（3）领导者

领导者是指在学校或者实务部门专门负责管理实践性教学的部门或者人员。他们一方面对教师的教学活动进行管理与监督，另一方面，他们要为教师的教学活动提供相应的物质支持与资源支持。让领导者参与教学评价不仅能起到对教师的激励与约束作用，更能对教学资源进行合理的规划。

（4）其他人员

其他人员包括校外专家、同行、实践过程中的当事人等，他们在实践的过程中通过与参与者的接触或者运用自身的经验对参与者的行为表现做出评价。

3. 评价内容

法学实践教育活动中，各主体基于自身角色、地位、认知的不同，对教学评价内容的范围也就不同。从整体上来看，主体的评价一般包括硬件与软件两个方面。硬件方面的评价主要是指实践教学的场所、设备等物质方面的基础设施建设是否齐全，是否能满足师生进行教学活动的需求。软件方面的评价主要包括考试评价、效果评价、制度评价等。其中软件方面的建设在整个实践教学活动中仍属于薄弱环节，在教学评价中要摆在重要位置。

（1）考试评价

考试评价是指在法学实践教学活动进行到一定的阶段之后，采取考试的方式对学生在实践活动中的各个环节的表现进行测评。

考试评价既包括对学生实践技能方面的考评，也包括对学生职业道德方面的评价。对实践技能方面的考核是让学生在具备了一定量的基础理论知识之后能够将理论应用于实践，符合社会对法律人才的要求，提升他们应对实际工作的能力；而对学生职业道德方面的考评则要求培养出来的法律人才具有法律精神、具有追求公平正义的职业理想。对于一名合格的法律人来说，这两种素质必须同时具备、缺一不可。只具有较高的法律实践技能却不具备相应的职业道德素质，这种人并不能致力于维护社会的公平公正，更不能去打击违法犯罪行为、维护广大人民的合法权益。而只具备较高的道德素质却没有相应法律技能的人，他们只能是心有余而力不足，相较于那些两者兼具的人来说，他们的贡献相对有限。

（2）效果评价

实践性教学是否达到培养训练的效果有待学生和教师去评价。学生的评价包括自我评价和对教师的评价，评价可通过问卷、座谈、总结等方式进行。教师的评价也包括自我评价和对学生的评价，评价可通过工作总结、学生评语等方式进行。对学生的评价内容包括：学习和工作态度、责任心和职业道德、团队合作精神、工作效率和能力等；对教师的评价内容包括：敬业精神和工作态度，教育理念，知识水平和业务能力，教学内容、方法和手段，教学效果等。

（3）制度评价

制度评价是指在教学评价的过程中，通过对与法学实践教育相关制度的考核对其做出相应的评价。制度评价既包括对正式制度的评价，也包括对非正式制度的评价。通过对制度的评价及时对制度做出调整与变革，使制度能高效地发挥出其应有的激励与约束作用。对于那些不符合实际教学情况、不能对法学实践教育起到积极作用的制度，应及时修正。参与制度评价需要制度践行主体的多方参与，他们对制度的实际运行状况更为了解。评价可以通过调查问卷、深度访谈等形式进行。

第二节　法学教育实践教学目标指引性设计

我国法学教育层次之多堪称世界之最，不仅有法学本科、硕士、博士三个基本层次的学历和学位教育（其中硕士学位教育又分法学硕士和法律硕士），而且还有法学大专、中专教育，另有大量的法学成人教育，各级党校也在从事一定形式和规模的法学教育。此外，我国各级法官院校、检察官院校和公安院校还形成了各具特色的法律职业培训体系。鉴于此，国家发展大计以及教育政策都开始研究如何对法学教育各层次进行目标定位。

有人认为，我国法学教育的培养目标应建立在区别对待基础上的分类型和分层次定位。法学本科教育要培养出法律及其他专业知识丰富、能够适应现代社会多方面需要的法律人才；法律硕士教育完全定位为法律专业的职业教育；法学硕士定位为法学研究和法律职业综合培养目标；法学博士定位为法学研究类人才的培养方面。我们从中发现，培养层次越高，对法律人才的职业性和理论性水平要求越高。也就是说，高素质法律人才的培养必然以职业化为目标，也必然要走理论促进实践、实践反哺理论的良性循环的发展道路。那么，在法学本科教育层次，就应当培养法学学生基本素养，对本科阶段的人才培养目标进行定位。

一、传统法律人才培养目标

长期以来，我国法学教育界对法学教育的培养目标并没有形成完全统一的看法，存在精英培养目标、通识教育目标、职业教育目标等不同观点。

（一）精英培养目标

精英培养目标观点认为，仅面向司法机关及律师事务所等法律实践部门是法学专业培养人才的目标，需要具有法律专门知识与技能、掌握法律理论以及具备良好的思想道德修养。

（二）通识教育目标

该目标认为，高等法学教育培养的人才不能只通晓法律，而是要熟知各种相关学科知识，包括人文社会科学以及自然科学的知识。法学教育应以培养学生的能力、提高综合素质为主要内容。

（三）职业教育目标

职业教育目标指的是高等法学教育应该以培养法律职业人才为最终目标，其主要是对学生进行法律理论知识、实践能力及应用法律处理现实问题能力的训练。

目前，很多高校课程设置都以精英教育为轴，尤其是实践课程的设置，有些直接以审判、检察、辩护业务为教学内容；以职业教育为侧重，毕竟就业对于学生来说是十分重要的；以通识教育为拓展，通过公共选修、辅修、自考等方式为学生提供自选拓展的机会。其实这些法学教育目标之间并非对立的存在，而是相辅相成、相互促进的存在。总的来看，在法学人才的必备素质和拓展素质方面，各目标达成了一定的共识，比如通晓法学理论、具备实践能力、深谙法学伦理等是必备素质，熟悉相关学科知识、具备涉外能力等则为拓展素质。

有人认为法律人的职业性是知识、能力、素质三者的有机结合；也有人认为法学本科教育必须完成三大任务：①培养学生的法学素养；②培养学生的职业素养；③培养学生的综合素养。虽然大家从不同的角度对法学人才所需具备的素质进行了界定，但是对于法学学生应具备的实践能力已经达成了共识。法学实践教学的目标亦应符合法学人才培养的目标，按照知识、能力、素质的要求或者按照法学素养、综合素养、职业素养的框架来构建法学本科实践教学的科学目标和系统模式。

二、政策法律人才培养目标

在我国法学学生的能力构成中，仅仅有基本的知识储备不仅不具备法律职业人的综合能力，甚至连最基本的法律应用能力都不具备。因此培养应用型法律人才便成为法学教育改革的硬性目标。

改革政策如此导向的原因是作为知识储备的重要环节，研习法学理论已经得到了广泛的重视，无须再加大研究力度；另外，复合型人才属于对法律人才拓展素质的要求，各政策均未做出硬性规定，也未纳入考核体系，属于各院校根据自身办学实力和学生能力进行选择的扩展性科目；而对于应用型法律人才的培养则受到了各大政策的重点关注，提升法科学生实践能力的重要途径便是加强法学实践教学。

卓越法律人才培养计划是应用型法学人才培养的具体体现，培养应用型、复合型法律职业人才是实施卓越法律人才教育培养计划的重点。其具体内容如下：

①适应多样化法律职业要求。坚持厚基础、宽口径，强化学生的法律职业伦理教育，强化学生法律实务技能，培养、提高学生运用法学与其他学科知识及方法解决实际法律问题的能力，促进法学教育与法律职业的深度衔接。

②把培养涉外法律人才作为培养应用型、复合型法律职业人才的突破口。适应世界多元化、经济全球化深入发展和国家对外开放的需要，培养一批具有国际视野、通晓国际规则，能够参与国际法律事务和维护国家利益的涉外法律人才。

③把培养西部基层法律人才作为培养应用型、复合型法律职业人才的着力点。适应西部跨越式发展和长治久安的需要，结合政法人才培养体制改革，面向西部基层政法机关，培养一批具有奉献精神和较强实践能力、能够"下得去，用得上，留得住"的基层法律人才。

三、对法学实践教学科学目标的选择

关于法律人才的培养目标，有人支持法学本身是一门逻辑性很强的学科，做好学术型研究是法学本科生的基本学习内容；更有人把"法律是经验的，绝不是逻辑的"奉为至理名言，所以支持法学本科生应当注重法律的实践和运用，同时法学学生的实践能力培养和法学实践教学体系的建设已受到了自上而下的政策性关注，所以应用型、复合型人才培养是法学人才培养的科学目标。总体来看，两种争论是站在法学人才所需素质的两个方面各执一词。然而现实情况是，学术研究和实践应用对于法学学生而言犹如硬币的两面，根本就没有必要区分高下。对于法学本科学生的培养可以通过专业理论教学和实践教学两种方式实现两种能力的培养，理论教学是法学本科学生基础构建的必由之路，而实践教学的目标应当适当服务于理论教学、促进理论学习。同时尽可能地实现对学生应用能力的培养，把服务于理论教学和培养应用型甚至是复合型法律人才作为法学实践教学的科学目标，并结合不同的教学形式细化各教学内容的具体实施目标，比如促进理论学习的认知型实践教学，以及促进学生实践操作的能力型实践教学。

现如今人们面对的现实是，法学实践教学的总体目标尚可大致明确，但是具体到各实践教学科目、单项教学活动时，实践教学目标就显得不够清晰。无论是

理论课程还是实践教学活动，都要在特定的、专属的教学目标指引下进行。如在理论课程中，对于每个章节、每个知识点的学习都会设置相应的掌握程度上的要求，如对某知识点要求识记、理解、熟练运用等不同层次的掌握程度。因此，在实践教学中也应当设置课程环节的具体目标，如庭审观摩实践教学活动可以把目标定为促进理论认知；而对于模拟法庭、法律诊所等形式的教学，可以把目标确定为实践能力的培养等。当然，这种区分并非绝对的，而是一种相对的、分主次的对待。这一点在案例教学法中体现得尤为明显。在理论课堂上进行的案例讲授应以促进理论认知为核心，而单独开设的综合性案例分析课堂则应以学生的动手能力培养为核心。这种现象总结起来即表现为，穿插的实践环节随意性强，专设的实践课程目的性不足，有些仍旧只坚守着以"教"为主的模式，只能使学生的实务认知能力有所提升，而其实践能力却无法得到锻炼。所以，制定更细化的实践教学目标是科学地为实践教学定性、定位、定量，促进实践教学目标化、系统化、规范化的必然要求。统一、规范的指导和部署是避免事倍功半，实现有目标、有步骤、分阶段锻炼的必经途径。

正如人生的规划需要长期和短期目标的有效结合，法学实践教学的目标建设也需要大目标和小目标的紧密配合。在最外延的目标范畴内，应当是法律人才的培养，这个人才培养目标既含有人文的目标，也含有职业的目标，囊括了知识、能力、素质三个层次。所以，法律人才的培养必然要求理论与实践的结合。如果说理论教学的目标更侧重于知识，则实践教学的目标更侧重于能力，二者共同累积构成法律人才的素质。所以，不可以片面地看待理论教学和实践教学的目标指向，坚持理论与实践、知识与能力的相辅相成、相互促进才是处理二者关系的正确态度。就小目标而言，是落实到各个实践教学活动、理论教学课堂的教学目的，基于确切的目标指引才不会使师生在教学中偏离方向，减少师生在教学活动中的无用功。

总而言之，在培养法律人才的教育目标下，区别于研究型的理论教学而进行的法学实践教学活动，当以促进理论研究和培养学生复合型、应用型能力为目标。在教学活动中，应当具体结合各教学形式的时间、特点制定明确的教学活动目的，区分认知型实践教学活动和能力型实践教学活动；再结合学生的个人兴趣以及能力，对其进行基础理论知识、复合知识以及基础应用能力和复合能力的培养，进行分层、分段式的培养，从而使教学活动更具有目的性和综合性，全面地服务于提升法律人才素质的终极目标。

第三节　法学教育实践教学模式系统化建设

一、法学教育模式的探索与发展历程

法学教育模式是指在一定的经济、政治、文化等因素影响下，在一定的教育思想指导下和制度环境中生成的教育培养目标、教育培养方式、教育内容、教育方法等基本构成元素的有机结合。中华人民共和国成立之后开始了法学教育模式从无到有的探索，并以改革开放为分水岭划分为两个不同的发展时期以及多种教育模式。中华人民共和国成立之初至"文化大革命"结束时期主要借鉴苏联模式；计划商品经济时期则主要学习大陆法系模式；社会主义市场经济体制建立时期引入了普通法系国家的教育模式，与传统教育中的苏联模式和大陆法系模式相结合形成了混合模式。回顾我国法学教育模式探索建设的过程不难看出，我国法学教育模式的探索主要是通过对其他国家教育模式的兼收并蓄来实现的。但是随着我国经济建设的飞速发展以及法治建设进程的推进，以外国法学教育模式为本、以中国法学教育特色为辅的教育模式已无法满足当下法学教育的需求，中国的法学教育急需改革和创新。

二、供给侧改革引入法学教育改革

1997 年党的十五大提出了依法治国的治国方略，1999 年依法治国被写入宪法，法学教育的发展迎来了几个高潮，法学专业也一度成为热门专业。2017 年10 月中国共产党第十九次全国人民代表大会胜利召开，习近平总书记在党的十九大报告中对我国发展做出了一个重大判断，那就是经过长期努力，中国特色社会主义进入新时代。这是我国发展新的历史方位，这一判断对中国的未来产生了全方位的影响。作为全面推进依法治国战略实施基础的法学教育和法治人才培养工作也迎来了新的发展阶段，法学教育再次迎来发展的高潮。

自 2002 年开始，法学本科生的就业率就一直低于全国高校本科毕业生总的就业率，法学专业因就业率低、薪资低、就业满意度低而连续七年被纳入"红牌"专业之列。与英美法系、大陆法系国家以培养法官、律师等法律职业人的目标不同，我国传统的培养模式更倾向于培养学术型人才。事实上，本科及本科以下教

育所培养的甚至可以说只是初步具备了法律思维的人。这主要是由我国传统的课堂教学方式所决定的。但是，随着法学专业招生规模的扩大化，法律从业人员逐年递增，市场的饱和给法学毕业生带来了巨大的就业压力。随着法学教育体制的逐步完善和我国法律职业人才队伍的壮大，越来越多的法学教育者意识到法学教育应当与法律职业接轨，对法学人才的培养不能仅仅是理论的教学，还需要结合法律实务技能的培养。然而法学实践能力培养在我国的法学教育中依然发展得十分缓慢。对此，有学者提出："目前我国法学教育需要一次全面的重大的改革。所谓重大，是指需要结合法律职业的需要，根据法律实践的要求，认真反思法律人才培养模式。"

三、构建中国特色社会主义法学实践教学模式

（一）要求

如何提升法学学生的实践能力，发展具有中国特色的法学实践教育，是当前法学教育中极为重要而紧迫的任务。对此我们在宏观上应当把握三点办学要求。

1. 注重社会主义的方向性

2014年，党的十八届四中全会《关于全面推进依法治国若干重大问题的决定》（以下简称《决定》）的发布给未来的法学教育指明了一个方向，也对未来的法学教育提出了新的要求，即法学教育应当与中国特色社会主义法治理论紧密结合，应当加强与实务部门的联系。法学教育能否实现高质量、有特色的发展，与我国法治体系、法治国家的建立和建设息息相关。唯有提高法学教育的质量，才能够为依法治国的总目标提供人才保障。

2. 具有现实可能性

首先，法学实践教育要立足于现有的法学教育条件。实践教育的开花、结果需要建立在当前法学教育的土壤之上，超前的或者脱离当前实际的实践教学不仅不能促进实践能力的提高，还会因为不具备教学实施的条件而成为一纸空文。应当立足于我国法学教育的现实，在此基础上进行发展。其次，法学实践教育要与法学教育的目标、方向一致。法学实践教育是法学教育的一部分，如果其发展目标、方向与法学教育不一致甚至南辕北辙，不仅难以实现其初衷，也不利于法学教育的整体发展。

3. 具有实用性

法学专业学生就业率低、薪资低、就业满意度低的"三低"问题不仅与高校

增设法学专业、法学专业扩招导致法学学生数量增加相关，和我国目前法学教育与市场需求之间的不平衡也有很大的关系。

其中一个重要的问题便是，法学实践教育的缺失导致法律学位教育无法满足法治的实践需求。我国全面依法治国提出了建立中国特色社会主义法治体系、建设社会主义法治国家的总目标，要实现这个目标就要逐步补上当前法学教育中的这个短板。

（二）内容

1.教育培养目标

纵观历史，不论在哪个历史发展阶段，法学学科教育对人才德行的培养要求都是很高的。每个法学学生在初入法学之门时都会上一堂说文解字的课程，即中文繁体"法"字的解说。这一番说文解字便是要让法学学生了解"法"是公正的代表，法学工作者承载着社会对公正的期待；如果这些学习法学、从事法律工作的人德行不正，那么社会的公正底线就难以保障。法学实践教育最终要培养从事法律实务的人才，这些人是否有良好的品行，是否能够在法律工作中坚守法律人的职业伦理道德，关系着社会公正是否能够实现的问题。因此，中国特色社会主义法学实践教育要培养具有过硬专业能力、具有优良品德的法学人才。

2.教育培养方式

在教育培养方式上，我们仍然可以延续采用多方式、多层次的培养方式。我国法学教育一贯采用多方式、多层次的培养方式，形成了以法学学士、硕士、博士教育为主体，以法学专科教育等为补充的多层次高等法学教育体系。其中，硕士、博士阶段的教育主要以培养学术型法律人为目标，而专科教育以及在职学位教育更倾向于培养职业型法律人。因此我们在发展法学实践教育时，也应当结合各个学历阶段的不同特点进行安排设置。

此外，在培养主体方面采用多主体共同培养的模式。新中国成立至改革开放之前，我国主要采用国家统一组织、法律院校独立承担法学教育任务的培养模式。经过近七十年的探索和实践，我国法学教育早已改变了单一主体的培养模式，形成以高等院校和科研机构为主体、以在校法科学生为主要对象的法律素质教育，以法官学院、检察官学院、司法行政学院等为主体，以法律职业人员为主要对象的法律职业教育，和由各级司法行政部门统一组织实施的全民普法教育。《决定》中亦提到"健全政法部门和法学院校、法学研究机构人员双向交流机制，实施高校和法治工作部门人员互聘计划，重点打造一支政治立场坚定、理论功底深厚、熟悉中国国情的高水平法学家和专家团队，建设高素质学术带头人、骨干教师、专兼职教师队伍"。

因此，在法学实践教育模式中，更应当增加以公、检、法等司法机关以及其他法律实务工作单位为主体的培养课程。实务部门的工作人员常年接触司法实务案例，对于如何从事法律实务工作有自己独到的工作经验和技巧，增加这些部门、单位为培养主体，对于迅速提升法学学生的实践能力有很大的帮助。

3. 教育内容

要发展中国特色社会主义法学实践教育，需要对传统的教育内容做较大的调整。传统教育内容中不论是国家政策法令还是法学教材著述，无一不是以学术理论内容为主，对于法学实践教学的内容目前尚没有哪一所院校有较为体系化的课程设置。根据目前我国法律相关行业的情况，实践教学内容根据实践主体身份的不同可以分为三大块：国家司法系统实践教育、律师实践教育、法务实践教育。

4. 教育方法

我国传统法学教育以课堂讲授为主，强调教师的主导性。在新中国成立初期，基本上是由苏联专家直接授课或者由经过苏联专家培训的中国法学教师授课。在后续的计划商品经济时期继续延续这种教师授课的教育方式，直至改革开放进入社会主义市场经济时期，我国才开始引入实践性的教学方式。但事实上，我国在教育方式上主要还是秉持传统的课堂讲授方式，教师主导而学生被动接受。

法学实践教育培养模式下，应当以实践性教学方式为主、课堂讲授方式为辅。实践教育不同于理论教育，注重的不是对法理、法条的理解和适用，而是对实际生活中遇到的真实法律问题的解决。在这个过程中，不仅会有法律关系的判断、行为人行为的定性等法律理论层面的问题，还有类似与当事人的相处、与国家机关工作人员的沟通等人际关系问题。这些问题没有标准答案，依赖于实践经验的总结积累。因此在实践教育中走出课堂、走向实践十分重要。在实践教育中，教师更多的是充当引导者和提醒者的角色，避免学生在实践中出现不合规的行为。

四、法学教育实践教学模式

（一）轮读会模式

有学者依据教师如何输出和控制教学信息以及学生如何获取信息的方式，将高等学校的教学方法分为三类：一是教师用语言向学生传授知识、理论、技能；二是教师指导学生通过直观感知获得知识和技能；三是教师指导学生独立获取知识和技能。第一类属于传统的教学方法，也是居于主导地位的教学方法。在授课的过程中，教师处于完全主导的地位，整个课堂节奏、教学内容、教学体系等都由教师完全掌控。学生则处于完全被动的地位，无法对其中的任一环节施加显著影响。在这种教学氛围之下，学生学习知识的主动性不强，热情度不高，独立意识不足。

法学是一门实践性和学术性较强的学科，仅仅依靠教师的灌输，学生不可能真正掌握法律职业所要求的实践经验。传统模式在学术性方面同样显示出其不可避免的弊端。在这种模式之下，学生学习和深入研究的主动性、独立性的缺失，使其无法在教师所传授知识的基础上独立地查找资料、分析思考，以对理论有更深层次的认识。这种模式在我国法学教育中的普遍存在严重影响了法律人才的培养以及法学教育的进一步发展。

当然，在法学教育过程之中，尤其是本科教育，课程繁多，体系复杂，且颇多理论艰深之处。如果仅凭学生独立学习，可能使学生不得其法，无法领会到部门法的体系架构、精神内涵，也无法对法学学科有一个全面的认识，甚至疏于基础理论的学习。基于此，轮读会模式是对当前法科教育体系的补充，富有借鉴意义。

1. 培养严谨的治学态度，养成良好的学术研究习惯

法学学科的研习充斥着繁多的法学理论，每个部门法之中的法律条文都是在这些法学理论的指导下最终形成的。传统的教学模式注重知识的传授，这使得学生很难形成独立思考、科学严谨的学术研究能力，也无法培养良好的学术研究习惯，其目光也只是在法律条文之间流转，认知体系趋于封闭僵化。在这种情况下，学生缺乏创新意识、批判思维、问题意识，也就难以适应学术研究、理论深拓的要求。

在轮读会的过程中，观点的交锋、分歧的出现在所难免，加之传统文献存在多种不同版本的注译本，个人知识的有限性也在所难免。在分歧较多或错误较多的场合下，主讲人会在轮读会结束之后将报告重新进行修改、整理，在下次轮读会进行之前发送全体参与人，参与人再次进行阅读。为了提高效率、减少不必要的工作，在开展轮读会的过程中，全体参与者在对修改的部分进行审阅的时候，主讲人仅对上次轮读会欠妥之处与争议点加以陈述，继而由全体参与者对该部分内容发表观点。如果仍然存在分歧或不足之处则再行修订，如此反复多次方能使报告尽可能完美。有时轮读会参与者对轮读报告近乎吹毛求疵，可正是这种反复纠错模式督促报告人一丝不苟、滴水不漏，对于养成严谨学风、增强研习效果极有助益。

2. 全面掌握科研方法，形成开阔学术视野

法律是社会规范体系的一部分，并在与其他社会规范的互动中发挥作用。但是，现在的法学教育往往只注重进行本学科课程的教学，而忽视对学生进行相关专业的通识教育，这种课程设置模式产生了许多弊端。其中较为严重的便是学生掌握的科研方法单一，学术视野狭窄，从而使得学生学习、研究的能力不足，考虑问题具有片面化的倾向，不足以应对法学发展的需要。轮读会模式的回归古典、倡导博雅，在一定程度上恰是对专业科班教育弊端的弥补。以经史文献为素材，正是以题材而非专业为教育核心要素。在轮读过程中，大到政统治道，小到细物之名，都可以有一番认识、理解乃至研究。学生在独立对历代《刑法志》注释并翻译的过程中，必须独立地搜集与其内容相关的资料，归纳不同观点，整理不同学说，整合其中包含的法律思想，分析史料背后的法律文化背景。在潜移默化之中，独立思考的能力、整合学术观点的能力、分析问题的能力都得到了锻炼。如此一来，学习理论的能力也得到了提升，同时也培养了学习理论的兴趣。

传统的力量是巨大的，民众还在不同的程度上受到传统法律思想的影响，对于历史上法律问题的回顾能够使法律人更好地理解现在的法律状况。同时对于法律思想的回顾与反思，能够更好地变革现在的法律。今天的法律也是由过去发展而来的，尤其是一些民间的民商事解决习惯与做法往往得到了较长时间的保留。在这种认识的基础上，才能够更好地理解当今中国的法律与社会现实之间的关系、民众的普遍意识与法律之间的关系，并形成开阔的学术视野。

3. 提高批判反思的能力，培养问题意识与创新理念

我国法学教育的目标与大陆法系的教学目标基本一致，即培养具有系统法律知识的法律人才，并以此区别于旨在培养实用型的、具有操作技能职业人员的美国式法学教育。大陆法系和英美法系的形成、完善取决于社会的发展需要以及法律制度在整个社会结构中的地位，都是在法学的逐步发展过程中缓慢形成的，是适应社会需要的产物，因而各有优长，未能轻言孰优孰劣。然而，我国的法学与法学教育却呈现出另外一种发展路径，法学教育与受众需要之间存在隔阂。

在市场经济迅速发展的今天，这种教育模式的弊端日益显现。其最重要的弊端便是学生没有学会学习，无法应对不断变化的实际。即使学生具备主动学习的精神，面对汗牛充栋的资料，也无从得知从何处入手，难以有效地学习。

在面对实际案例的时候，学生往往无所适从，无法将从课堂上学到的理论应用于实际案例。每个学科都能根据不同的定位、需要、目标等选择不同的阅读内容，在长期的积累过程中指导学生独立学习，使其形成独立思考的能力，更好地

应对实际生活中出现的问题。轮读会模式对我国法学教育的目标进行了一定程度的修正，体现了立足现实、面向实际的要求，能够帮助学生形成面对实际问题的理论探求意识。

轮读会模式最重要的特征便是平心静气地较真、质疑成见的勇气。这也是轮读会模式最值得借鉴的地方。若一个学生从小学、中学直至大学都是在非常功利的目标下学习，便不会形成良好的学习习惯、正确的学习态度。学生在学习之时颇多浮躁之气，缺乏创新的意识、挣脱桎梏的勇气，只是接受既有的知识，而不知对既有的知识体系进行反思，不知对传统权威进行批判，只是一味地迷信。轮读会模式所体现出来的不追求功利、纯粹的学习态度能够真正地感染学生融入其中，而这也是引导学生形成问题意识、创新理念所不可或缺的。

轮读会模式源于对传统教学模式的反思与改进。在这一模式之下，学生的主动性得以增强，改变教师主导模式，共同研读文献，推进理论研究。对传统文献进行阅读的过程，能够使学生对中华法系的制度、思想、文化有更直观深入、全面系统的认识。在法学教育中吸纳轮读会模式，有益于弥补我国法学教育培养模式的不足，有效地促进学生对本学科的理解与学习。

轮读会模式能够提高学生批判反思的能力，培养认真负责的态度，形成良好的学术研究习惯，开阔学术视野，这正是一个法科学生所必须具备的。同时，轮读会模式在所读内容上具有可选择性、在形式上具有灵活性，使其能够适应不同学科的性质和学习方式。因而，对于现代法学教育，轮读会模式有其值得学习、借鉴之处及发展之空间。

（二）政法院校与司法系统合作教学模式

①最高人民检察院和中国人民大学联合培养职务犯罪侦查方向硕士研究生。2010年5月26日，最高人民检察院和中国人民大学联合培养职务犯罪侦查方向硕士研究生合作备忘录签字仪式在中国人民大学举行。最高人民检察院与中国人民大学相关负责人出席合作备忘录签字仪式。

②湖北首创"检校合作"模式培养检察专业法学硕士。2010年9月2日下午，湖北首届检察专业法学硕士研究生班在武汉举行开学仪式。44名经选拔而来的基层检察干警，将在湖北省人民检察院与华中科技大学联合举办的首届检察专业法学硕士研究生班内继续深造。湖北这种"检校合作"培养检察专业法学硕士的新模式为全国首创。

此次开学的首届检察专业法学硕士班将采取"双导师制"培养方式，既配备高校理论导师系统教授学员法学理论知识，又从检察系统选派专家担任实务导师，着力培养学员解决实际问题的能力。此次与湖北省人民检察院联合办学，旨在通过创新培养模式、完善培养内容、丰富完善检察学科体系等举措，为推进湖北检察事业发展提供强有力的高层次人才保障。

（三）法学实验教学模式

法学实验是指在教师的专业指引下，学生在法学实验室中对法学学科理论和知识进行的实验论证或对法律实践操作技能加以训练的创新教学活动。法学专业课程内容丰富庞杂，基础理论晦涩难懂，法律条文数量巨大，必须通过专门的实验教学才能满足法治人才培养的需要。近年来，各高校借助科技手段和网络技术，对传统实验教学从形式到内容进行了创新。例如，中国政法大学以"网络犯罪攻防实验室""法学仿真教学系统实验室"等四大虚拟仿真实验室为主体，建成了法学虚拟仿真实验教学中心，形成了"网络虚拟攻防""犯罪侦查检验""仿真教学系统""真实案例卷宗仿真"等多模块整合培养机制；浙江大学法学院建立了实训仿真实验室；中南财经政法大学法学院依托以往的实践教学资源，初步形成了包括模拟法庭、在线实验教学平台、法律诊所和案例研习在内的一整套实验教学体系（图 3-3-1）。

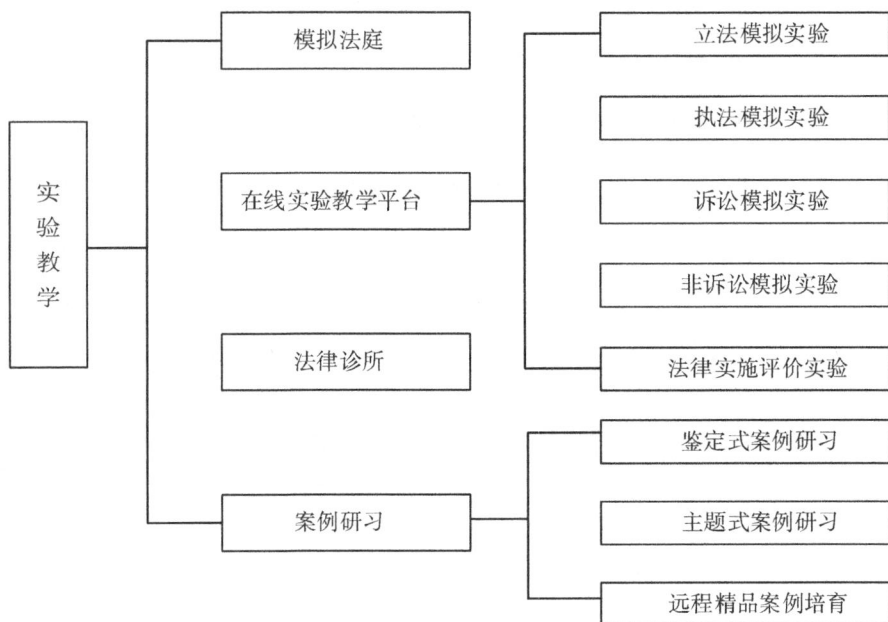

图 3-3-1　中南财经政法大学法学实验教学体系图

基于以上探索和经验积累，在新文科建设背景下，法学实验教学模式创新应重点从以下几个方面入手。

第一，对传统模拟法庭课程进行改造升级。模拟法庭是"指在教学活动中，在任课教师指导下，由学生分别担任法官、检察官、当事人、律师以及其他诉讼参与人等不同诉讼角色，由法官按照法定诉讼程序在虚拟的法庭对刑事案件、民事案件和行政案件进行模拟审判的一种教学活动"。通常情况下，一个完整的模拟法庭教学方案应当包括庭审观摩、专家授课和实操训练三个阶段。在新文科建设背景下，传统模拟法庭课程应从以下两个方面进行升级改造。

一是从传统的"线下法庭"到"在线法庭"。在"互联网+"时代，模拟法庭课程的教学方式应从传统的"线下法庭"转向"在线法庭"。《意见》明确指出，"法治实务部门要向法学院校开放数字化法治实务资源，将法庭庭审等实务信息化资源通过直播等方式实时接入法学院校"。该《意见》的出台为传统模拟法庭课程的升级改造创造了条件。以浙江大学法学院为例，其已通过与杭州互联网法院等单位的合作，将真实审判案例引入"在线法庭"，最大限度还原了司法审判活动的各个环节，实现了模拟法庭课程从"线下法庭"到"在线法庭"的升级改造（如表3-3-1所示）

表3-3-1　浙江大学法学院"在线法庭"教学设计示意表（以刑事案件为例）

教学环节	课时	教学方法	教学内容
庭审观摩	3课时	通过在线法庭平台或庭审现场教学	观摩庭审活动
专家授课	9课时	由法官、检察官和律师分别授课	讲授实务知识和技能
实操训练	3课时	由学生模拟上诉、庭审	撰写"上诉状""答辩状""判决书"等法律文书；模拟庭审

二是从"校内专任教师"到"校内专任教师+司法实务人员"。除教学方式外，模拟法庭课程的升级还体现在师资队伍的结构方面。在新文科建设背景下，各高校应加强与司法实务部门的合作，在模拟法庭课程教学中引入司法实务人员。一方面，可以将学生制作的"起诉状""答辩状""判决书""上诉状"等法律文书交给司法实务人员进行审查，由其进行直接指导；另一方面，对于一部分质量较高的法律文书，司法实务人员可在办理具体案件时进行参考。这样既有利于提升学生参与课程的积极性，又有利于缓解司法实务人员在法律文书制作方面的压力。

第二，建立在线法学实验教学平台。在线法学实验教学平台以培养学生的实践能力和法律运用能力为目标，具有体系完整性、功能自动化、师生交互性、使用便捷性等特点，既有利于提升法学实验教学的效果，又能够弥补传统法学实验教学之不足，最终实现"线上"实验平台与"线下"实验课程的互动与补充。通过在线实验教学平台，教师可以通过创建系统实验项目，指导学生独立自主地进行立法、执法、诉讼与非诉讼的全真模拟；学生可以通过综合性实验教学模式，分角色进行各种法律实务体验。当前，中南财经政法大学已经开发了法学实验教学系统（LETS），其他有条件的高校应借助计算机网络技术继续探索建立在线法学实验教学平台，为法学理论教育与实务实践教育的结合搭建平台。

第三，深入推进法律诊所教育。法律诊所又称为临床法律教育，源于20世纪70年代初期的美国，是一种仿效医学院学生在医疗诊所临床实习的法学教育方法。通常情况下，法律诊所教育是"在有律师执业资格的教师指导之下，将法学专业学生置于'法律诊所'中，为处于生活困境而又迫切需要法律援助的人提供法律咨询，'诊断'其法律问题，开出'处方'，以此促进学生对法律理论的深入理解"。实践证明，法律诊所教育是一种使法学院学生获得法律经验、培养其实务能力的有效途径，有助于培养学生的职业技能和职业道德意识，特别是律师职业技能。

在新文科建设背景下，应进一步推进法律诊所教育，通过构建独立的诊所教师评价机制、增加法学实践性教学比重、强化法律职业性特征、保持司法制度的连续性和稳定性等做法，充分发挥其在法学实验教学中的功能。

第四，采取多种方式进行案例研习。案例研习是法学实验教学的另一重要途径，具体包括"鉴定式案例研习""主题式案例研习"及"远程精品案例培育"等。其中，"鉴定式案例研习"以"设问—定义—涵摄—结论"为基本步骤，注重逻辑推理论证，本质上属于司法三段论的具体运用。"鉴定式案例研习"既有助于养成法律人所需具备的核心能力，又有助于法律职业共同体的形成。近年来，"鉴定式案例研习"不仅得到了我国一部分学者的推崇，而且在一些主流法学院被积极推广且取得了较好效果。在新文科建设背景下，应通过各种形式的案例研习加深学生对理论知识的理解，帮助其熟悉并体系化地理解实证法之规定，培养其法律思维能力和实践技能。除以上途径外，还可通过国际辩论赛、国际模拟法庭比赛、"贸仲杯"国际商事仲裁模拟仲裁庭竞赛、"律理杯"全国高校模拟法庭竞赛等活动提升法学实践人才的能力与水平。

第四节　法学教育实践教学形式多元化发展

一、我国法学实践教育的现状

我国目前法学人才培养输出与国家法治发展的人才需求不匹配，因此虽然国家对高质量法律人才的需求呈逐年递增的趋势，但还是有大量的法学专业毕业生面临就业难的问题。我国法律专业人才培养也需要进行供给侧改革，其中极为重要的一点就是培养具有更强实践能力的法学学生。当前我国的法学实践教育并非一片空白，部分先行的法学院校已经开设了法学实践教育课程。这些实践教育课程主要有以下几种形式。

（一）开设实践教学课程

近年来随着国家对法学学生实践能力要求的提高，各大法学院校或多或少开设了实践类课程。这些实践类课程不仅有法律文书写作、案例分析等单纯课堂教学类型课程，还包括法律诊所等半课堂教学、半实践类型的课程。前者通常被置于教学培养计划之中，在常规的教学学期中进行教授，不仅在课程结束后需要进行考核，并且有一定的学分要求，属于实践教学活动中学生参与度最高的一种形式。后者效仿医学院学生在医疗诊所临床实习的做法，在具有法律实务经验的教师指导下，将学生置于"法律诊所"中，为处于生活困境而又迫切需要法律援助的人提供免费的法律咨询，"诊断"其法律问题，开出"处方"，以此促进学生对法律理论的深入理解。不仅培养锻炼了学生的职业技能，同时又加强了学生对法律职业道德的学习和理解，是培养德才兼备的法律人才的有效途径。

（二）设立法学专业校外实践基地

设立法学专业校外实践基地是国内高校实践教育的重要方式之一，旨在培养人才实践能力。校外实践基地通常受与高校签订合作协议后建立一定期限或者长期合作关系的实际工作单位、各个院校的学科培养需求、院校地理位置等因素影响。校外实践基地的数量并无限制，通常可以满足学科内绝大多数学生的实践需求。实践方式主要为高校组织学生进入这些工作单位进行固定期限的实习，在实习期内由实践基地安排带教老师对学生进行工作指导。以设立校外实践基地的形式进行法学实践教育有两大优势，一是校外实践基地性质多样，包括法院、检察院、司法局、仲裁委员会、律所等，学生可以根据自己的职业规划或者兴趣进行选择；二是实践教育较为规范，有专门的带教老师进行指导，实习中和实习结束后设置一定的考核方式检验实习成果。

（三）组织实践类竞赛

模拟法庭是被各大法学院校广泛采纳的法学实践竞赛形式，是指通过案情分析、角色划分、法律文书准备、预演、正式开庭等环节模拟刑事、民事、行政审判及仲裁的过程。此类赛事在国际上较为典型的有杰赛普国际法模拟法庭辩论赛、红十字国际人道法模拟法庭竞赛、"贸仲杯"国际商事仲裁模拟仲裁庭竞赛等；国内的有"理律杯"全国高校模拟法庭竞赛；地区性的有东北高校模拟法庭竞赛、辽宁省大学生模拟法庭竞赛等。模拟法庭有利于学生对诉讼实务的程序和诉讼案件的处理有一个较为全面和整体的把握。缺陷则是竞赛类项目可容纳学生数量少，只有少部分学生有机会参与。

二、当前法学实践教育不足之处

（一）轻实践、重理论

显而易见，法学教育中实践教育的比重远小于理论教育。即使在实践教育中，实践的比重也远小于实务理论的比重。在课程设置部分，法学实践课程通常为选修课程，不论在学分还是课时上都远少于法学理论课程，且一般采用随堂考察的方式而不是考试的方式进行考核。还有一种常见的实践教学方式，即为实践课程设置一定的学分，但是学校并不提供教学，而是由学生在假期中自主选择法律工作相关单位进行实习，将实习单位签字盖章的反馈作为学生完成实践指标的依据。由于这种实习不具有组织性和监督性，通常以实习单位签字盖章为完成标准，所以难以保障学生是否真实参与、参与的程度和参与的质量。总的来说，目前的法学教育中实践教育地位较低、比重小，实践内容也较为单一，处于次要地位。

（二）教学与实务相脱节

目前部分法学院校在进行法学实践教育时仍然采用传统的法学理论教学方式，主要表现为由教师以教材为基础进行教学。教材从编写到出版到运用于课堂上耗时较长，与实务的变化相比具有一定的滞后性，以固定的教材为基础进行实践教学也难免滞后于实践。此外，在进行法学实践课程教学时存在重形式、轻内容的倾向。

例如，在法律文书课程中，通常注重讲解各类不同法律文书在格式上的区别，忽视了不同主体制作法律文书时内容上的不同等实质问题。此外，由于教学资源缺乏，由法学理论课程教学的教师兼任实践课的教师是目前法学院校的普遍做法。虽然法学教师通常兼任律师，并非完全不接触实务工作，但是教师由于繁重的教学负担和学术研究任务，与全职法律职业人相比，其参与实务的频次和参与度都较为有限。因此仅由理论授课教师一力承担实践课教学的重任难免存在不足。

（三）实践活动适用范围小

所有法学实践教育方式中，目前大多法学院校采取的是学生校外实习的模式。这种实习通常只要求学生在本科阶段择一假期完成即可，逐渐转变为针对大四学生的毕业实习。对于模拟法庭竞赛以及法律诊所课程之类的法学实践教育模式而言，由于名额有限，通常需要对参与者进行选拔，只有其中一小部分优胜者才有资格参与，尤其是前者。因此如果将此类活动作为实践教学的主要形式，必然会限制学生对实务课程的参与和学习。

（四）连续性不足

法学院校设置理论课程时，通常按照学科的性质、难易程度等将课程安排于不同的年级和学期，彼此之间具有一定的连贯性和衔接性。相比之下，目前法学实践课程的设置则缺乏连续性。首先，实践课程主要集中在大三、大四学期，导致本科前半阶段的实践教学呈现空白状态，而后半阶段则呈现密集的状态，实践教学的层次性和连贯性难以实现。其次，目前实践教学模式中各项活动之间在内容或者形式上的联系较少，各项活动之间难以形成相辅相成的关系，无法保证实践教学的连续性和效果最优化。

三、优化和创新我国法学实践教育形式

目前法学实践教学活动在教学时间和教学内容的设置上都存在一定的问题，要提高实践教学的人才培养效果和实用性，还需在以下几个方面进行调整。

（一）以小学期的形式开展实践教学活动

就目前的实践教学模式而言，将实践课程独立设置于小学期中是一种较为可

行的方式。首先，小学期贯穿于整个本科学习阶段，任何一个常规学期之后都可以设置小学期。以小学期方式进行实践教育有利于保证实践教学均衡分布于本科学习阶段，从而保证实践教学的连续性和连贯性。其次，小学期的授课时长通常为两周至一个月，比起每周仅有一次授课时间的选修课，小学期可以提供充分的教学时间，从而保证实践教学的深度。此外，小学期安排于常规学期之后，学生在接受法学学科的理论学习且具备一定的知识储备后，接受实践教学不仅可以复习理论知识，同时还可以将其运用于实务问题解决过程中，有利于理论学习与实践学习之间的衔接，一举两得。

（二）扩大实践教学授课主体的范围

实践教学旨在培养具备实务操作能力的人才，因此实践教学的授课主体必然是深入、高度参与法律实务的主体，如此才能为学生介绍、讲解实务问题以及培养实务技能。因此，在选取实践教学授课主体时不应当局限于校内教师这一主体，不妨根据不同的教学内容邀请公检法工作人员如律师、仲裁员、法务等不同领域的法律职业人进行有针对性的授课。授课主体的多样性不仅可以减轻教师的教学负担，同时有利于学生掌握不同法律职业的知识和技能，某种程度上还有利于学生形成对自身职业设想的预判。

（三）增进不同实践教学活动之间的联系

当前法学实践教学活动不仅在课程时间上设置零散，实践教学活动的形式设置也较为随意，不同阶段的实践教学活动保持较强的独立性，联系不足。事实上，不仅不同的法学理论学科学习存在交叉关系，实践中不同法律主体之间的实务活动也呈现交叉关系，甚至形成环环相扣的结构形式。因此，实践教学活动如果保持过度的独立性不仅脱离实际，同时也会增加学生学习和实践的难度。在设置实践教学课程时应当注重把握各项学习内容的性质，根据各项教学内容的关联性和难易程度将其安排于不同的小学期中。

（四）继承和创新实践教学活动的形式

目前我国法学实践教学中的几种主要实践教学形式或多或少在课程设置、课程内容、实践效果上存在一些问题。虽然如此，这些实践教学形式在各大法学院校的教学实践中亦取得不错的成绩。实践是检验真理的唯一标准，可见这些实践教育形式并非完全不可取，只是需要进行调整以更好地适应实践教学的需求。教学活动和任何一项社会活动一样，要进步就需要不断进行创新，创新是保持活力之源。除继承传统实践教学形式之外，还应当根据当前法学教育供给侧改革中的不足之处以及法律实务活动的需求等现实因素，对实践教学活动形式进行创新，实现培养建设法治中国后备军的教学目标。

四、法学实践教学形式多元化发展的必要性

法学是一门理论性与实践性很强的学科，但法学学科的持续发展只能在实践中完成。因为法学教育不仅要传授法学知识，而且要培养学生的法律职业能力和素养，培养推行法治的生力军。

当前，在我国法学教育中普遍存在两大问题：教学方法落后，教学内容枯燥，学生的学习缺乏积极性、主动性和创造性；课程设置不甚合理，理论课绰绰有余，实践课严重不足，学生得不到有效的实践操作训练。而大学生知识学习与社会实践结合度的不高，也是导致众多学生毕业即失业的重要原因之一。法科学生背记书本上或教师课堂上讲授的理论知识，用在考卷上也许可以游刃有余地拿高分，但高分在侧重实践性的法学学科面前的证明力是苍白的，更不是一个优秀法律人的衡量标准。一个优秀法律人不仅要有坚定的法律信仰、强烈的敬业精神与高度的社会责任感，还要具备综合的法学实践能力，包括敏锐的洞察能力、缜密的逻辑思维能力、较强的分析归纳能力、善辩的口头表达能力、敏捷的临场应变能力、熟练的文字表达能力以及良好的问题解决能力等。高校法科学生实践能力的培养任重道远，是一个循序渐进的不断积累与挑战的过程。因为将静态的理论或法条与具体案件相结合并且加以动态的适用，远远比诵记理论或法条本身要复杂千倍万倍。因此，为适应对以法官、检察官、律师为主的法律职业共同体人才的核心需求，实现厚积薄发，高校有效训练法律职业能力的最佳方式应为综合采用多元化实践教学模式，只有这样才能充分发挥"析""观""模""辩""写"和"诊"六大层次功效。

五、法学多元化实践教学形式

（一）典型案例剖析

1. 典型案例剖析的含义

"析"即"剖析"，体现为实践教学模式与路径之典型案例剖析。学生针对指导教师在课前提供的典型案例与布置的思考题进行分组讨论与发言，并在指导

教师引导下做深刻剖析。典型案例剖析实践教学模式与路径的便捷性、灵活性决定了其适用面的广泛性，也决定了其在法学实践教学中最为基础之地位。其适用成本低、难度小且方便于普遍实施，能充分发挥学生的学习能动性，增强学生的创新思维能力，培养学生最基本的法律职业素养，也使教师授课更加具有生动性、针对性与可受性。

2. 典型案例剖析之教学路径

（1）实践目的

法律职业者必须层层递进地对未知案件事实进行抽丝剥茧般的细致分析，结合证据与适当的逻辑推理，通过对概念与法条的分析来解决实际案件中的混乱纷争。与法律职业的理性相适应，法学学科自带的严谨性对学生法律逻辑思维方面的能力与素质提出了比其他学科更高的要求。法律逻辑思维要求学生有"铁杵磨成针"的耐性，以高度严谨的态度来对待案件事实与法律适用，既要着眼于具体的典型个案，又要反过来对典型个案进行抽象概括以找出问题的关键。典型案例的剖析督促学生就诸如"法律在实际生活中的作用是否偏离了立法目的？一个生效的法律是否必定会在实际生活中产生效用？受害者为司法救济实际所付出的代价是鼓励还是抑制他们认真地看待个人权利？"等问题进行深入思考。

综上所述，可适用于任何法学课程教学之中的典型案例剖析实践教学模式之目的，恰恰在于实现对学生的知识传授、学术培养和职业训练三位一体的综合效果。首先，弥补了满堂灌式课堂教学的缺陷，组织学生结合典型个案课前思考题，就案件事实、法律适用与其他相关方面深入讨论、思考与分析，汲取法律知识；其次，要求学生不能只是熟知相关法条的知法者，要结合案例，从法理与应用角度对相关实体法和程序法抽象理论进行融会贯通与深入理解，填补纯理论学习的不足；最后，锻炼学生逻辑思维能力，提高学生口头表达能力，培养学生将抽象理论融会贯通于个案的案件分析能力，增强学生运用法律与法学理论来思考与解决法律纠纷的能力。

（2）主要内容

以下结合在刑事诉讼法授课中提供给学生作为典型案例剖析的"山西煤炭进出口集团原董事长郭某职务犯罪被留置案"来谈谈典型案例剖析实践教学模式的主要内容。此案被称为自 2016 年 12 月 25 日第十二届全国人大常委会第二十五次会议审议通过《关于在北京市、山西省、浙江省开展国家监察体制改革试点方案》以来，监察委员会采取留置措施的"第一例"。

首先，指导教师针对具有较高社会关注度的监察委员会采取留置措施的"第一例"案例，将 2018 年 3 月 20 日第十三届全国人大第一次会议表决通过《中华人民共和国监察法》（以下简称《监察法》）的电子文档提供给学生，并要求学生课外认真自学《监察法》和查阅监察体制改革相关文献资料，以思考指导教师在课前精心布置的以下思考题：一是监察体制改革的背景和意义何在？二是留置措施的适用条件、情形以及适用程序是如何规定的？三是《监察法》规定的监察委员会对职务犯罪案件采取包括留置等措施在内的调查权与现行《刑事诉讼法》规定的侦查权之间有什么关系？

其次，指导教师在课堂上通过组织学生分组讨论，全面了解学生对监察体制改革、留置措施等相关基础知识的掌握程度，锻炼学生解释概念与分析、解决实际问题的能力；同时，注重以学生为中心，注重对不同意见的接纳，体现出对学生的关注、尊重以及教学的亲和力。

最后，指导教师引导学生多角度对监察委员会留置权的规制进行进一步的讨论与思考，并对再讨论后的观点做深刻剖析；通过学生的发言、不同观点的碰撞和汇总以及指导教师引导下的再讨论，教师做结束时的剖析总结。

（3）详细步骤

①指导教师在课前精心准备具有争议性或社会性的真实法律案例，提前布置思考题。

②学生利用课外时间查阅资料，对指导教师提供典型案例的思考题进行初步思考。

③指导教师在课堂上组织学生就典型案例的思考题进行分组讨论与观点汇总。

④在分组讨论后，每组同学选出代表发表本组的汇总看法。

⑤指导教师整理归纳各组讨论后的观点，提纲挈领地引导学生多角度进行进一步讨论与深入思考。

⑥指导教师整理归纳各组再讨论后的观点，并做深刻剖析。

（二）法律诊所

1. 法律诊所的含义

"诊"即"诊所"，体现为实践教学模式与路径之法律诊所。学生身份由被动的听课者转换为主动办案者，从而对文书写作、调查事实、沟通与谈判、应诉技巧等法律职业能力进行训练，在实践中培养法律职业者的职业道德，发挥学生创造性地解决现实冲突的创新能力。法律诊所是最大限度锻炼法学学生综合实践能力的有效实践模式，其在我国的本土化、制度化与持续性发展是破解法学专业就业低迷难题的一剂良方，可以在一定程度上缓解法律援助的供需矛盾。法律诊所实践教学模式与路径在高校的实践与推广有利于提高学生的实践技能与法律素养，有助于培养学生的创新思维能力、良好的法律职业道德与高度的职业责任感；让学生深刻反思并认识到积累自身法律知识和素养的过程任重道远，有助于培养学生批判性思考的能力并促使学生在自我反思和纠错中更快地进步与成长，并为终身学习打下坚实的基础；有利于提高法学教育教学水平，对我国法学教育改革具有重要启示。

2. 国内法律诊所的内容体系解构

法律诊所教育的内容体系通常包括设立模式、具体内容、教育方法以及教育评价机制四个组成部分。

（1）设立模式

根据"法律诊所"是否独立于学校机构以及主导老师的身份不同，可以将法律诊所的设立模式分为如下三种：①"内置式"。法律诊所属于法律院系，法学生遵从法学院老师的具体指导，为有关的当事人直接提供法律服务。②"外置式"。法律诊所由法学院外的特定机构管理，法学生的指导教师是非教师身份的法律从业人员，更多的是实务界人士。学生通过直接从事法律服务工作或者具体案件的代理来接受"法律诊所"教学。③"模拟式"。"模拟式"区别于前两种模式，这种模式并非以真实的案件为基础，面对的当事人并非现实中法律问题的求助者。这种模式强调"环境的模拟"，由教师带领法学生进行法律实务技能模拟训练，法学生在模拟的环境中学习法律职业技能和职业道德。国内的法律诊所教学模式主要是这三类，但也有创新型的模式，例如将三种模式进行混合。

（2）具体内容

以各高校为例，各自法律诊所涵盖的内容不同。这主要是由于高校相应师资以及对各类实务的兴趣偏向不同。例如，法律诊所教育在北京大学偏重于法律咨询、代理案件和法律研究，其中以法律研究最具特色；武汉大学主要有解答咨询、代理诉讼案件和非诉讼案件，其中以代理诉讼案件成绩最为显著，并形成自己的特色。

总体而言，各高校法学院在"法律诊所"教学模式的内容上并不完全一致，而是根据自身的优势，侧重于自身优势领域的发展。此外，诊所在发展中的质量也有所不同，有些诊所侧重于角色的扮演和模仿，没有实际的演练，在教学中仅提供给学生有限的机会代理客户案件。

（3）教育方法

法律诊所的主要教学方法是以真实案件为依托，指导学生参与其中并做出最恰当的处理，通过不断的积累获取实务经验。在方法设计上，注重以法学生为本位，设计出契合他们个性发挥的方式，例如将学习方式从"被动变主动"，加强教师与法学生的互动。此外，考虑到学生的接受程度，在丰富多样性方面可以采取模拟训练、个案分析等多种方法。在实践中，合格的"法律诊所"教育有两方面的要求。

①方法性。指导教师需侧重方法的传授和技能的指导。"授人以鱼不如授人以渔"，老师需要侧重分析方法的传授，让学生知道为何这样做。这种启发式的方式可以培养法学生的终身学习能力。

②整体性。法律诊所教育着眼于法学生综合素质的提升，而每个学生自身的知识储备以及接受度是不一样的。因此，指导教师就需要因材施教，以学生个体的独特性为出发点，尽可能做到人尽其用。此外，还要注重团队协作能力的培养，鼓励学生之间相互交流、彼此学习，以团队协作的形式完成案件的处理。

（4）教育评价体系

法律诊所的教学效果是诊所教学的核心，对法律诊所教育的评价应以科学、多元为原则，需根据评价对象的具体情况来设计评价的标准和方法。要以尊重、平等、欣赏、学习、开放的心态与评价参与者交流和沟通，通过换位思考对特定事物进行了解和把握。效果的评估主要依据参与法律诊所教学的教师和学生的评价，但应以对法科学生的评价为核心和重点。评价的手段和标准都应真实反馈法律诊所教学的实际情况与效果。

3. 特色型法律诊所教育——以知名高校法学院法律诊所为例

自 2000 年首批 7 所高校法学院实现了法律诊所教育在中国法治土壤上生根、发芽后，经过 20 多年的发展，法律诊所在我国虽起步较晚，但已具备一定规模，蔚为大观，逐渐形成立足于本校、服务于社会的法律诊所教学特色。其中一些高校法学院的做法值得关注。

清华大学法学院采取了与海淀消费者保护协会合作方式，开设以消费者保护为主题的"法律诊所"，是典型的外置式模式。该法律诊所课程能够实现两个目标：一是人才培养。参加课程的同学不仅学到了有关知识，而且也学到了传统课堂以外的技巧、积累了实务能力与经验，学会了如何把抽象的法律条文与具体案件相结合；二是社会效果，即维护了消费者的权益，打击了不良商家。

西北政法大学非常重视法律诊所教育，在法律诊所教育外另设分支，形成一个分类齐全的机构。其下设有民事法律诊所、社区法律诊所、行政法律诊所、劳动法律诊所、法律援助站等，给学生提供平台进行代理诉讼案件活动，开展义务案件咨询等专业实践活动。

中山大学法律诊所于 2002 年 2 月成立，其后与美国纽约大学建立了交流合作关系，并得到雅礼协会、福特基金会和岭南基金会的支持和资助。法律诊所课程设置了两个主要环节：课程讲授和实践演练。通过"在实践中学习"的教学方法，培养法学本科生的职业伦理、法律专业素养和社会责任感，令学生得以初步学会运用法律的操作技巧，培养灵活应变的能力。

此外，在"诊所式"教学中，还产生了各具特色的模式。例如有的高校法学院与当地的法律援助中心合作，代理了很多法律援助案件，一方面切实缓解了法律援助中心的案件压力，另一方面为学生提供了更为丰富的接触案件的平台。中国政法大学在实践中对这类模式进行了发扬，其与北京市司法局合作开设了"北京市法律志愿者援助中心"，旨在面向低保户，为其提供法律意见以及诉讼策略。通过自身的不断实践，其已成为政法类大学中唯一能够进行诉讼代理业务的法律诊所。

武汉大学法学院紧紧结合武汉大学社会弱者权利保护中心和武汉大学公益与发展法律研究中心"两个中心"建设，基于对自身优势的发挥，该高校的法律诊所教育的发展一直位于全国的前列。诊所师生通过处理侵犯弱者权利的案件，奋战在维护社会弱势群体的前线，他们通过运用法学知识推动社会和谐发展。此外，法律诊所通过在弱者权利方面对学生进行理论与实践教育，从而促进对人权的保护。武汉大学法学院的法律诊所正在培养一批又一批拥有熟练的律师技能，同时又具备高度的职业道德与社会责任感和公益心的优秀学生。受过诊所教育的渗透，学生在人权意识方面都有所加强，同情并在法律范围内帮助弱者。

各高校法学院根据自身情况，选择建立了不同类型和主题的法律诊所。中国人民大学法学院与检察院合作，设立了"刑事法律诊所"，其特色是主要致力于刑事方面的案件；北京大学法学院法律诊所的工作则更多地集中于民事争议，在婚姻家庭领域与房屋租赁领域涉及的案件较多。复旦大学和华东政法大学则与当地的法律援助机构合作，承接法律援助案件，案件类型多样化。西南法律诊所由学生推动而成立，先由学生自发成立，后由指导教师推动诊所课程建设。该诊所是学生自治型，负责诊所日常事务管理，指导教师负责指导学生办案，并对案件质量把关。此外，中国地质大学法学院结合本校资源、环境研究特色，成立了国内首家定位于自然资源与环境保护的"诊所式"法律研究和公益咨询服务机构——中国地质大学（武汉）法律诊所，并依托"国土资源部法律评价工程重点实验室"，重点研究自然资源与环境纠纷领域棘手的法律问题。

4. 法律诊所"中国化"过程中的问题与瓶颈

法律诊所作为舶来品，同样需要经受是否与中国本土法学实践教育相兼容的考验。法律诊所起源于美国，而分属英美法系和大陆法系的美国和中国的法律传统与观念差异极大，特别是对理论与实践的重视程度不一；法学目标定位存在较大差异；法律诊所的师资资源储备、案件来源渠道多寡不一；物资与经费保障反差明显。这些导致中国高校法律诊所与美国相比，无论在机构设置、课程设置还是运行现状上都存在极其明显的差异。具体包括：机构设置单一，缺乏术业有专攻的法律诊所；诊所课程仍然属于选修性质，授课对象为高年级法学生；支持法律诊所运行的平台欠缺，寻找合作机构困难；运行现状也未达到完全预期的效果，"挂名诊所"现象普遍存在；开设的教育课程无法运作；诊所的教育方法缺乏创新，与传统的授课模式没有太大区别，学生接触真实案件的机会很少。

与中国法学教育不同，美国学生需要在完成本科阶段的通识教育后方能申请法学院接受法学教育，导致中美法学院学生在年龄、社会经验等方面的差异；加之英美法系与大陆法系国家在法律制度和政治、文化基础上的巨大不同，意味着法律诊所的中国化，势必要植根中国的法学教育土壤，结合中国的法学教育特点进行大改造。在中国的法学实践教育大背景下，有关法律诊所课程的改革和完善需要考虑以下几个问题。

（1）教学资源分配问题

法律诊所因其实践性的教学方式，对师资力量、教学设施、班级规模、经费都提出了极高的要求。在现实中就出现如复旦大学面向法律硕士开设的法律诊所课程因为人数过多，只能采取大课讲授的形式，这意味着其很难达到学生亲身实践的目标。

（2）法律诊所学生身份问题

学生不具备代理人的身份，承担不起代理人所应承担的重大法律责任，这导致了部分学生产生畏难情绪而退选。而对于在明确自身法律后果的情况下仍愿意参与法律诊所的同学，一方面，职业经验不够、技能不成熟甚至处于空白状态，另一方面又需像律师那样向客户承担完全的代理责任。这事实上在寻求诊所帮助的当事人和法律诊所学生之间产生很大的矛盾。一方面，当事人想寻求专业的法律援助；另一方面，诊所学生作为初涉实务的新手会不可避免产生错误，当事人的期待与学生的角色转变产生了极大落差，所以制定一套完善的法律诊所管理制度势在必行。

（3）法律诊所的定位问题

法律诊所本身对社会大众来说不太熟悉，对其的认识通常是高校法学院的内设研究机构，或者为社会提供法律援助的民间组织。这样的普遍认识与法律诊所的定位相差较大，导致法律诊所在开展教学工作时容易受到来自社会和司法部门的不认同，这极易导致案源的流失，出现"巧妇难为无米之炊"的窘境。

（4）资金来源问题

鉴于法律诊所教育的实践性特征，活动的开展需要大量的经费支持。但财政拨款有限，有限的财政拨款和大量的经费需求形成了鲜明的对比，导致了法律诊所教育资金的短缺。从这点可以看出法律援助中心的成长和发展过程。

在法律诊所中国化的 20 多年里，其对于提高学生的专业水平和实践能力，培养学生法律职业道德和法律意识，改革现有法学实践教育模式发挥了重要作用。在未来的发展道路上，还需要更多的学者、决策者对症下药，有的放矢地反思和研究，推动法律诊所教育的发展。

（三）观摩庭审视频

1. 观摩庭审视频的含义

"观"即"观摩"，体现为实践教学模式与路径之观摩庭审视频。学生观摩庭审直播网以及中央电视台、最高人民法院联合录制的真实案件庭审录像视频，然后讨论与总结示范庭各类案件的庭审流程与法庭辩论的争点等内容，从而为后续的专项庭审程序模拟以及各类案件综合模拟实践教学中的法庭辩论大赛夯实基础。观摩各类案件庭审视频有利于学生直观地了解各类案件的庭审程序，强化学生对各类案件所涉相关实体法知识的理解，使学生充分领悟出诉讼双方平等对抗、审判居中裁判的"三方组合"程序构造的价值；庭审视频的示范效应有利于全面提高学生在法庭调查环节举证与质证的操作能力以及对辩论环节争议焦点的概括分析能力，有利于学生领悟到细节完善对庭审成功的重要意义，能有效强化学生法律公正的理念并情不自禁地对法律心生敬畏之情。

2. 观摩庭审视频之教学路径

（1）观摩庭审视频实践教学模式实施要求

首先，由指导教师播放庭审直播网以及中央电视台、最高人民法院联合录制的真实民事、刑事与行政案件示范庭审录像视频，并组织学生认真观摩。

其次，在学生观看完示范庭录像视频之后，指导教师组织学生查阅资料，总结所观看的真实示范案件的庭审流程要点，进而熟练掌握庭审程序流程。

再次，由指导教师重点回放示范庭录像视频中法庭辩论环节，组织学生就示范庭法庭辩论环节的争点与亮点展开全方位讨论。

最后，指导教师组织学生讨论与归纳此案件审理中法庭辩论的内容、争点以及亮点、特点，从而为后续的专项庭审程序模拟以及各类案件综合模拟实践教学中的法庭辩论大赛夯实基础。

（2）观摩庭审视频实践教学模式实施中存在的主要问题与解决对策

学生通过观摩庭审视频，无论是从程序上还是实体上对法学知识的领悟都颇丰。但是准备的过程和最终的表现存在一些问题，有待总结与反思。

一是个别学生放松有余，指导教师要予以及时警告。个别学生将示范庭录像视频当作电影来看，轻松自如地看完之后却不知道示范庭庭审的亮点与争议焦点何在，走马观花，没有真正参与其中。示范庭审的最大看点就在于程序的完整有序、法庭调查的严谨规范以及法庭辩论的精彩对抗，这也是学生在观摩中要认真领悟与学习的关键所在。

二是一些学生速记能力不强，指导教师要予以及时提醒。在播放示范庭录像的过程中，一些学生不能同步地用脑或用笔记录下庭审中案件事实证据、争议过程和争议焦点，必然导致在后续的讨论与归纳环节对案件审理中法庭辩论的内容、争点、亮点与特点等的分析判断存在较大偏差或过于简单空洞。

三是一些学生归纳能力不强，需要学生平时多加思考与训练。一些学生对案件争议焦点的归纳不够全面完整，不够深入精准。较强的归纳能力与有效维护诉讼利益之间息息相关，对法律人来说非常重要。无论是作为公诉人的检察官，还是作为辩护人或诉讼代理人的律师，都要具备极强的案件归纳能力，这样才能清楚地表达出诉求，才能逻辑分明地阐述事实、证据与理由。而作为审判方的法官，更是要具备极强的案件归纳能力，才能在概括双方诉求与异议观点的基础上，有理有据地加以取舍与认定。

（四）法庭辩论大赛

1. 法庭辩论大赛的含义

"辩"即"辩论"，体现为实践教学模式与路径之法庭辩论大赛，集中从实体法的角度模拟法庭辩论环节。法庭辩论环节最能反映控辩双方对案件掌握的透彻程度、对法律理解的深刻程度以及对法律适用的精准程度，也是法官等办案人员和当事人、其他诉讼参与人之间最直接的沟通方式，更是控辩双方直接对抗与据理力争继而决胜实体诉求的关键节点。法庭辩论大赛实践教学模式与路径的采用能有效弥补传统实践教学模式中庭审程序模拟多为程序性训练的不足，帮助学生加深对相关实体法理论知识的认识和理解；通过让学生切身体悟律师、检察官与法官的职业伦理要求，有利于形成司法理念与职业精神相似的法律共同体和培养素质全面的未来法律实践人才；分组讨论与辩论的合作形式有利于强化学生团队精神，加深学生之间的友谊；有利于强化学生的创新竞争意识，极大激发学生的学习热情；有利于全面培养与提高学生口头表达、临场应变与逻辑思维等实践能力，为培养创新型法律人才奠定坚实基础。

2. **法庭辩论大赛之教学路径**

（1）案例教学的材料要与模拟法庭的教学目标契合

模拟法庭的教学目的应该侧重于使学生把理论课学到的法学知识与法庭审理的实践结合起来，培养学生解决问题和应用知识的能力。基于此，教师在行政诉讼法模拟法庭教学的材料选择上应充分考虑这一特点。比如上课时选取的材料是"公安机关拒不出具死亡原因证明被诉行政不作为"，这是公民在社会生活中经常遇到的行政不作为案件，学生容易产生客观的印象。而且公安机关拒不出具死亡原因证明直接导致当事人在民事诉讼中败诉，会使学生明白行政行为与民事诉讼的联系。同时，该材料也使学生对行政诉讼的法律适用产生联系。

（2）围绕实践性设定教学目标

模拟法庭的教学主要应侧重于培养学生应用知识解决实际法律纠纷的能力，这种实践性既有把课堂上学到的知识转化为对社会实际问题的处理，也包含对法律文书格式的处理。因此，在课堂设计中要求培养学生学会归纳一个案件的争议焦点，作为一个律师能够撰写行政起诉状，作为一个法官能够撰写判决书。

（五）诉讼文书写作

1. 诉讼文书写作的含义

"写"即"写作"，体现为实践教学模式与路径之诉讼文书写作，主要体现为民事、刑事与行政案件中主要诉讼文书的写作指导与训练。掌握各类诉讼文书的写作技能至关重要，因为高质量的诉讼文书是全面反映案件真实情况与有效维护当事人合法权益的关键因素。诉讼文书写作实践教学模式与路径的应用有利于学生结合具体案例更直观而具体地掌握各类诉讼文书的写作技能，更宏观而详细地了解各类诉讼文书在重点内容以及格式上的共性要求；有利于学生对各类诉讼文书的横向比较，更深层次掌握各类诉讼文书的主要区别；诉讼文书写作具有一定难度，有利于深度强化与全面考察学生的案件分析、概括总结、法律适用与文字表达等综合实践能力。

2. 诉讼文书写作之教学路径

（1）诉讼文书写作实践教学模式实施要求

首先，指导教师给学生提供各类诉讼文书的真实范本，对照范本给学生详细讲解各类诉讼文书的写作格式与主要内容。然后，每位学生根据指导教师关于文书写作的指导，结合已经结束的法庭辩论大赛，依据分组情况认真撰写相对应的诉讼文书。诉讼文书写作的要求为：整体框架结构严谨，事实与请求清楚，论证的逻辑思路分明，观点简明扼要，理由阐述透彻，适用法律准确，写作格式与用语规范，文字表达准确。最后，指导教师对每位同学写作的诉讼文书进行审阅评分，在下次课堂上反馈学生在实践活动、日志填写、文书写作中存在的具体问题，并宣布获得最佳文书的学生名单。

（2）诉讼文书写作实践教学模式实施中存在的主要问题与解决对策

写出诉讼文书不难，但如何用严谨且不冗长的语言写好诉讼文书就很有学问了。因学生对诉讼文书是看得多却写得少，当亲自下笔时，才普遍感觉困难重重或较为吃力，甚至无从下手。学生在诉讼文书写作中主要存在如下问题，需要指导教师予以及时指正以及在写作实训中不断加以改进：

一是部分学生文书写作的规范性不够，让人产生不严谨的感觉，需要指导教师予以及时指正。部分学生不注意写作格式上的细节要求，如文书的案号有误或遗漏，当事人等诉讼参与人自然情况的列明有疏漏、顺序有误或家庭住址不具体，文书中涉及日期的年月日不精确或不具体，证据的罗列有疏漏，涉及法院或检察院的名称不完整，判决书中合议庭成员或起诉书中检察员没有列全，书记员签名位置不对，文书中涉及单位落款的却遗漏盖章，甚至有些学生遗漏文书的尾部或附项或落款签名的内容等。诉讼文书必须基于事实与证据且有一定的框架模式与格式要求，不可随意写就。这就要求学生在指导教师指导下熟知最高人民法院在2015年4月印发的《行政诉讼文书样式（试行）》、2015年5月发布的《关于人民法院案件案号的若干规定》及配套标准，最高人民法院发布并在2016年8月1日起施行的《人民法院民事裁判文书制作规范》和《民事诉讼文书样式》等规定中各类文书写作格式与内容构成等方面的规范要求与写作标准，才能"确保文书撰写做到格式统一、要素齐全、结构完整、繁简得当、逻辑严密、用语准确"。当然，尽管文书写作有相对固定的规范要遵守，有真实文书的范本可供参照，但文书写作毕竟不是填写表格，而是一项需要创造力的脑力劳动，因此诉讼文书写作也要重视个性化与规范性相统一。

二是部分学生文书正文中对事实部分的阐述较为详细，但对争辩双方的意见归纳得不够全面，对事实根据和法律根据的理由部分分析得不够深入细致，需要在写作实训中不断强化分析归纳的能力。文书写作的实质是利用法律知识来解决各类实际问题的书面化体现。解决问题的前提是分析问题，如果需要解决的争点以及作为观点支撑的理由都概括得不明确、不透彻，又如何能使文书中的诉讼请求、提议方案或处理结果等解决问题的观点得到认可？因此诉讼文书的正文一定要重视对争点与理由加以繁简得当的概括和析理。《行政诉讼文书样式（试行）》《人民法院民事裁判文书制作规范》更加强调裁判文书的说理性，也充分说明了诉讼文书对争点问题进行全方位分析说理的重要性。

三是部分学生写作的文书在法律适用方面多表现为法律条文的堆砌，甚至出现法条引用不够精准的现象，需要指导教师予以及时指正。法律适用上如果出现法律条文的堆砌而不加详细分析论证或法条引用上不够精准等问题，极易造成当事人不理解为何适用这些法条而引发文书说服力不够的后果。由于行政案件涉及的法律规范数目众多且烦琐复杂，既有实体法方面的，还有程序法方面的；既有法律与法规，还有规章与条例等。故行政诉讼文书写作在法律适用上的难度更大，更要重视法条引用的准确性以及对法律规范的理解和阐述。

四是文书写作思路不够清晰，需要在写作实训中不断强化严谨的逻辑思维能力。法律人最忌讳的就是遇事慌张和没有头绪。在文书写作中，面对众多诉讼主体以及事实证据真伪不明的复杂情况，法律人必须沉着冷静，厘清思路，条理清晰地阐述与论证整个案件的事实经过、诉讼请求、权利义务责任以及理由依据等，从而达到一目了然、严谨有序、清晰完整与深入浅出的最佳效果。

五是部分学生写作的文书在遣词造句上不慎重，存在诸多问题，需要指导教师予以及时指正。如语言不够简练，有错别字；随意使用标点符号，甚至"一逗到底"等。诉讼文书的语言表达要慎之又慎，如此才能清晰准确地表达，才能实现晓之以理和动之以情的最佳效果，也体现出法律人审慎与细心的职业要求与品质。

（六）庭审程序专项模拟

1. 庭审程序专项模拟的含义

"模"即"模拟"，体现为实践教学模式与路径之庭审程序专项模拟，包括国内庭审程序专项模拟与国外陪审团审判程序专项模拟，集中从程序法的角度对国内庭审程序与国外陪审团审判程序进行模拟。学生扮演案件中办案人员、当事人和其他诉讼参与人等角色，并就庭审及相关审判程序进行完整模拟，重点就国内庭审程序以及国外陪审团审判程序进行模拟。整个庭审程序专项模拟极度重视程序的正当化，尤其是举证与质证程序的公开化，也是以审判为中心的庭审中心主义的必然要求。国内庭审程序的专项模拟使学生熟练掌握各类案件的庭审程序，明晰各诉讼参与人的职责、权利和义务；学生经过法庭调查举证与质证程序的多次实训，充分体会到证据的重要性，并学会讯问与询问的基本策略及具体方法；学生经过法庭辩论程序的多次实训，提高了法庭控辩技能，充分体现了控辩之间的对抗；审判组学生经过专项庭审程序的实训，提升了对整个庭审程序的组织、引导与掌控能力；学生通过对整个庭审程序的模拟演示，在提高实践能力的同时加深了对法学理论知识的理解；学生对案件庭审程序的模拟来源于真实案件却不照搬真实案情，大大发挥了学生的主观能动性与创造性；庭审程序的演练与正式模拟都突显出程序的独立价值，让学生从实践中充分领悟程序公正的重要性；更为重要的是，有利于学生详细而明晰地掌握各类案件的庭审程序，并在无形中强化学生对各类案件庭审以及相关程序的横向比较，有利于督促学生融会贯通地思考、归纳与掌握三大诉讼法在各类诉讼程序上的不同之处。国外陪审团审判程序的专项模拟使学生熟练掌握国外陪审团审判案件的流程，有利于学生对美国与我国诉讼中陪审员参与审判的案件范围、陪审员人数、陪审员资格条件、回避规定、拒绝审判时的法律后果以及案件评议等相关规定进行横向比较；更为重要的是，能帮助学生真正理解陪审团的设立初衷，使学生充分感受到民众参与司法活动的重要价值；有利于学生对美国与我国诉讼中庭前审查制度、律师辩护制度进行横向比较，使学生充分领悟正当程序原则、无罪推定原则和非法证据排除规则的价值与要求。

2. 庭审程序专项模拟之教学路径

第一，学生实践中在申请回避权利的告知程序上有疏漏，指导教师要予以及时指正。按照刑诉法的规定，除了当事人、法定代理人之外，辩护人、诉讼代理人都有依法独立申请回避的权利。故审判长应当询问所有出庭的被告人、被害人、自诉人、附带民事诉讼的原告人、附带民事诉讼的被告人、法定代理人、诉讼代理人、辩护人是否申请回避。而在实践中，审判方学生往往对回避权利的对象告知不够全面而出现遗漏。

此外，按照刑诉法的规定，回避申请的告知程序还可放在庭前预备会议中进行。这也是学生关于回避环节安排的另一个不错的选择思路，这样既节省了后续庭审时间，也使正式庭审程序更加简化与紧凑。

第二，学生实践中对共同犯罪案件中讯问被告人存在程序上的不当之处，指导教师要予以及时指正。学生往往会出现在其他共同被告人在场时讯问其中一个被告人的程序错误。如在某个班级学生专项庭审程序模拟的"被告人李某一等五人强奸案"中，公诉人在宣读完起诉书之后，在五名被告人同时在场时立即一一讯问被告人，存在程序不当之处。首先，公诉方对被告人进行讯问之前，审判长应当先让被告人围绕起诉书进行陈述。因为只有被告人先行陈述之后，控辩双方对被告人的发问才能做到有的放矢。

其次，对同案审理的五名被告人应当分别进行讯问，除非存在需要同案被告人同时到庭对质的情形。如在某个班级学生专项庭审程序模拟的"山东招远麦当劳案"中，被告人出场后本应被安排在固定的、面对审判方的被告席上，先接受审判长关于身份问题的讯问，再由审判人员以及控辩双方对被告人进行分别讯问，以免被告人之间互相串供。而在模拟庭审现场，众多被告人一窝蜂地拥堵在辩护人的身边；并且在法庭调查阶段以及法庭辩论阶段，多名被告人同时在庭上接受讯问。

第三，学生实践中在出庭诉讼角色的确定上存在错乱或遗漏问题，指导教师要予以及时指正。实践中学生往往容易混淆证人与被害人、鉴定人、法定代理人等诉讼角色，指导教师要予以及时指正。如在某个班级学生专项庭审程序模拟的"被告人邓某娇故意伤害案"中，学生混淆了证人与被害人这两类诉讼角色。除了邓某大被该案被告人邓某娇刺伤致死之外，黄某智也曾被该案被告人邓某娇打成构成犯罪标准的轻伤；故黄某智本是被害人，却在专项庭审程序模拟中被错误地列为辩方证人。应当注意，被害人作为当事人，属于案件的利害关系人，可以参与整个案件的庭审过程，可在被告人围绕起诉书陈述之后进行陈述，有向被告人发问的权利、申请回避的权利等；而证人作为其他诉讼参与人，与案件的审理结果没有利害关系，只能在作证时出席法庭，作证完毕后应立即被带出法庭，不能旁听整个庭审过程。

此外，在此案模拟中，学生错误地将出庭作证的鉴定人列为控方证人并将鉴定意见列为证人证言，混淆了鉴定人与证人这两类诉讼角色。在我国，鉴定人与证人的主要区别在于：一是形成的证据种类不同。鉴定人针对案件的专门事实问题鉴定后形成的证据是鉴定意见，证人陈述案件事实后形成的证据是证人证言，而鉴定意见与证人证言是两个独立的证据种类。二是陈述的内容不同。鉴定人与证人都可以出庭陈述，但陈述的内容不同。鉴定人陈述的是对案件中的专门性问题进行的鉴定情况，包括委托或指定鉴定的主体、鉴定对象及相关基本情况、鉴定事由及过程、鉴定分析和鉴定意见等，即鉴定人可以陈述意见；而证人陈述的只能是其所见所闻的案件事实。三是参与的方式不同。鉴定人受公安司法机关指派或聘请，证人则因了解案件事实有参与作证的义务。四是能否回避不同。鉴定人是回避的适用对象，而证人不属于回避的适用对象。五是是否要求具有专门技术不同。鉴定人需要具有专门技术，证人不需要具有专门技术。六是能否对案情共同讨论不同。多个鉴定人可以实施共同鉴定，即对案情共同讨论；而多个证人作证时不能在一起共同讨论，而要分别作证。

第四，学生实践中扮演的个别角色在诉讼中的应有作用没能发挥出来，指导教师要予以及时指正。实践中学生往往容易忽略法定代理人、法警的存在以及被害人、诉讼代理人的作用。如在某个班级学生专项庭审程序模拟的"被告人邓某娇故意伤害案"中，首先，被告人邓某娇的母亲虽然作为邓某娇的法定代理人出庭，但整个庭审却忽略了她的存在。表现为：模拟中审判长只讯问被告人，却没有问过法定代理人任何问题；整个模拟过程中，法定代理人一言未发，实属不正常。本案被告人邓某娇由于是限制行为能力人，故在法定代理人出庭的情况下，审判长要询问法定代理人有没有补充提问或发表意见，即要给予其充分的、等同于被告人的诉讼权利（如法定代理人也有陈述意见、盘问被告人以及询问证人、鉴定人等权利）。如在某个班级学生专项庭审程序模拟的"被告人李某一等五人强奸案"中，此案有五位被告人，却只配备了一名法警。该法警无精打采地坐在一旁听席，带证人出庭以及退出法庭的动作迟缓，没有及时传递证据材料，工作完成得很不到位应。应注意，共同犯罪庭审现场最少要有两名法警，被告人数较多的，法警人数也要相应增加；必要时，一名被告人可相应配备一名法警，法警站在被告人身边。法警不仅要负责将出示的证据传递给对方当事人进行辨认，保障对方当事人在此基础上发表质证意见；还要全程警惕，防止庭审过程中出现被告人等使用暴力危及他人的紧急情况，确保庭审安全状况在其掌控之内。

第四章　法学教育教学师资队伍建设

本章为法学教育教学师资队伍建设，分别从法学师资队伍的现状、法学教师的素质要求、法学师资队伍建设的思路三方面展开深入讨论。

第一节　法学师资队伍的现状

根据杜承铭所主持的教育部哲学社会科学研究重大课题攻关项目对全国范围内高等法学院校教师情况的调查结果，可以清晰地了解目前我国高校法学院系教师队伍情况。此次调查分成纸质版问卷和网络版调查两种方式，其中纸质版发放问卷 300 份，网络版收回有效问卷 56 份，共回收有效问卷 304 份。该调查数据大致反映出了目前我国高校法学院系教师队伍的基本情况。

受访教师所在学校涵盖了综合院校、文科院校、理工院校、农林院校、医药院校、师范院校、语言院校、财经院校、政法院校、民族院校、艺术院校以及其他院校共 12 种性质的高等学校，几乎覆盖了绝大多数开设法学院系的高校。从高校所在地域来看，受访教师首先主要集中于东南沿海地区，其次是中部地区，最后是西北部地区。从覆盖面来看，本次问卷调查的数据具有较高的科学性和较强的代表性，能够反映出我国目前高等法学院校教师队伍的基本情况。

从性别来看，受访教师中男性占比 57.8%，女性占比 42.2%，男性教师比例高于女性教师。从年龄来看，受访教师中 30～40 岁的占比 42.1%，比例居首；40～50 岁的占比 35.1%，位居其次；20～30 岁的占比 11.2%；50 岁以上的占比 11.6%。数据显示，我国高等法学院校教师队伍年龄结构是比较合理的，处于30～50 岁这一年富力强年龄段的人数比例高达 77.2%。从职称结构来看，受访教师中助教占比 5.0%，讲师占比 32.2%，副教授占比 42.2%，教授占比 20.6%，具有高级职称的教师超过了 60%。综合上述各项数据可以得出一个结论：总体而言，我国高等法学院校教师队伍性别平衡，年龄结构合理并且中青年教师数量占据绝对优势，职称分布也较合理。高校教师作为法治人才培养的主力军，其重要性无须赘言。由统计数据可见，我国高等法学院校教师队伍总体情况良好，这是实现法治人才培养目标最重要的人力资源。

从学校实务课程任课教师的主要来源来看，13.2%由校内1位教师承担课程，42.1%由校内2位以上教师共同承担课程，8.4%由校外法律专业实务导师承担，36.3%由校内教师与校外实务专家共同承担。显然，对于最能发挥法律实务工作者价值的实务课程，大部分仍然是由高校法学教师来讲授，由校外法律实务工作者讲授的仅仅不到10%，这不得不说是教师队伍的结构缺陷。

师资队伍建设是法治人才培养的重要方面，应该通过各种方式进一步提升高等法学院校教师的专业能力和综合素质，提升教师的科研能力和教学水平，努力打造一支政治立场坚定、理论功底深厚、熟悉中国国情的高水平教师队伍。从而优化法学学科结构，完善学科体系，增加社会急需的新知识、新理论、新技能方面的专业课程，促进法学与其他学科的交叉融合。例如，北京大学法学院高度重视师资队伍和管理团队建设，模拟法庭实训课程在组织结构上以模拟法庭训练营为基本组织平台，形成以专兼职指导教师为专业指导力量和以职能部门与学生骨干为服务管理队伍相结合的组织运行团队。在专业指导教师方面，北京大学法学院面向国内外，建立了一支热衷于实务训练指导、理论和实务能力并重、经验丰富、基础扎实、学术视野开阔、各有特长、理论联系实际、爱岗敬业、协同互补和人才流动的国内顶尖师资队伍。再如，北京外国语大学法学院培养涉外法治人才，围绕"中国法模块""英美法模块""英美语言与文化模块""商科课程模块"配备师资，分别组建了具有高学历、高度国际化背景的教学团队。

第二节　法学教师的素质要求

教师现在是、将来也永远是任何教育制度的基本因素。21世纪法学教育将发生一系列深刻的变化，法学教师的职能和要求也将随之发生变化。

一、教师职能的变化

（一）教师将成为民主、法治建设中的重要参与者

现代大学已超越象牙之塔，承担起更大的社会责任，将成为"新思想的源泉、倡导者、推动者和交流中心"，成为仅次于政府的"社会的主要服务者和社会变

革的主要工具"。教师的功能不仅是"传道、受业、解惑",更要广泛、主动地参与学校生活的所有决策,而且将积极地参与到国家民主与法治建设的进程当中,以自己精湛的专业知识和卓越的专业能力担当起"思想库""智囊团""信息网"的职责,成为依法治国的生力军。

（二）教师将成为学生的"向导""顾问"及合作者

知识更新速度的加快使得未来师生关系发生变化,教师将以更加平等的身份参与教学过程,鼓励学生积极参与,唤起学生的兴趣、好奇心和个人热情,使学生学会学习、研究。教师将由知识和技能的传授转向激励学生思考,对学生现行的思维、感知、行为方式的选择提出建议,并指出其对立面,引起学生对其依赖关系的注意。教师作为一位顾问,一位交换意见的参加者,一位帮助发现矛盾论点而不是拿出现成真理的人,应激励和促进学生全面发展。互联网的飞速发展与广泛应用要求教师具有基于网络进行教学的能力,教师将成为学生通过网络资源进行学习的引导者、辅助者、促进者和合作者。

二、对教师素质的新要求

（一）胸怀理想,充满激情

任何教师要想有高的成就、高的水准,必须要有远大的理想,永远憧憬明天,不断地给自己提出追求目标,同时要有激情。优秀的教师会永远追逐自己的梦想。教育的复杂性和丰富性是其他事业所不具备的,它要求教师富有更高的灵性与悟性。只有具有强烈的冲动愿望、使命感、责任感,才能够提出问题,才会不断提升自己,也才能拥有诗意的教育生活。

（二）关注人类命运,具有社会责任感

教育更重要的是培养学生一种积极的生活态度,以积极的生存心境、积极的人生态度对待生活。只有教师具备强烈的社会责任感才能培养学生的社会责任感。学校的世界和外面的世界是息息相通的,要使学生更好地生活,要使今后的社会更加美好,教师要首先具有人文关怀精神。当学生离开学校的时候,带走的不仅仅是分数,更重要的是带着他们对未来理想的追求。

（三）追求卓越,富有创新能力

教师应该是一个不断探索、不断创新的人,要具有反思教育的能力。21 世纪,

教育改革将更加频繁、广泛和深刻，教师将面对各种新的教育思想、资源、模式、过程、手段与方法，因而要求教师不仅要自觉地在情感、意志上不断调适，而且要具备能够分析、讨论、评估和改变其教育思想与教学方式的能力，要具有追求卓越、不断创新的能力。变革和创造将是21世纪人们生存和发展的基本方式。教育者要将学生培养成会创造之人，自己必须首先成为一个自信、自强、不断挑战自我、富有创造精神和能力的人，进而通过言传身教和人格魅力燃起学生创新的激情和勇气。

（四）善于合作，热爱学生

未来社会的竞争将日趋激烈，同时，通过合作共同应对各种严峻挑战也日益成为必然选择。激烈的竞争使人们承受巨大的心理压力，密切的合作又要求人们能相互理解和支持。无论是竞争还是合作都要求人们和谐相处，只有具有团队精神的教师才能培养出善于合作的学生。热爱学生是教育的力量源泉，是教育成功的基础，只有投入全身心的力量去爱学生、爱教育，才能赢得学生的爱戴，才能获得事业上的成功。

（五）勤于学习，不断充实自我

知识经济时代的到来使知识更新的周期日益缩短，面对教育技术和专业知识的加速老化，教师必须具有终身学习的能力。应当不断更新思想观念，掌握新的信息和教育技术，不断更新自己的知识、能力或素质结构，应当适应不断变化的教育、社会和时代，应当不断创新教学方式以满足人和社会发展的需要。

第三节　法学师资队伍建设的思路

一、加快法学专业"双师型"教师队伍的培养与建设

（一）"双师型"教师队伍建设的意义

1. 有利于依据社会需求进行人才培育模式改革

法学教育中的司法实务培育能力要求很高，应依照市场对法学人才的需求，适当地对其人才培育模式进行改革。我国法学教育现今大多采用的是以课堂教学为主导、兼设校外实习的教育模式，这种模式对于培养学生的法律技能有明显不

足。所以，要根据社会经济形势的不断变化及法学技能在各行各业中的应用，加快培养能够适应市场需求的法律职业技能型人才。其中最关键的是对应用型高校中法学专业教师的教育理念和教学方法进行改革，提升其素质，不仅要有高度的职业道德、专业的理论知识、高超的教学水平和较强的科研能力，而且要有法律职业的实践经历，掌握法律实践所需的职业技能，产教融合，培育出能够适应社会市场需求的法学专业人才。

2. 有利于着力培养学生的实践技能

目前，多数高校的课堂教学主要表现为：忽视学生的多样性差别，教师在课堂上进行灌输式教学，重视专业知识的传播，却忽略了学生创造力和实践技能的培养。而在产教融合的教育模式下，在教学活动中加强对学生实践应用能力的培育，不仅能够提高学生对知识的理解掌握程度，更有助于学生毕业后尽快适应工作岗位。

3. 有利于提升教师的业务水平

法学专业的师资配置直接决定学生培养的质量。教师是开展多元化法学教学和实践活动的直接主体，单一的学术性师资容易导致理论教学与社会实践相脱节。建立起一支法学理论功底深厚，同时又具有司法实务经验的"双师型"教师队伍是新型法学教学的必然要求，从而提高学生实践能力，培养能够更好地服务社会的法学优秀人才，解决就业难题。

（二）高校法学专业建设"双师型"教师队伍的途径

1. 构建应用型本科高校中法学专业多元化的师资培养体系

要明确法学专业"双师型"教师培养的标准及目标，形成全面培养一体化的培养体系，全程关注教师的成长，让教师明确不同阶段的发展规划。通过多样化的培养途径，根据教师的专业特点选取不同的培养方式。从学校层面来讲，应意识到培养法学专业"双师型"教师的重要性和紧迫性，制订详细的人才培养计划和多元化的培训方案，建立完善的"双师型"教师培训制度，促进法学专业教师提高"双师"素质。由于法学专业的特殊性，没有通过国家司法考试和经历实习阶段，就不能从事相应的法律实务工作，无法独立办案，自然不能深入了解法律实践工作，更无法有效地指导学生。所以，学校要鼓励法学专业教师积极取得法律职业资格证书。而且学生更容易接受持有高等级证书教师的指导，这样更有利于教学活动的开展。此外，鼓励法学专业教师多到相关的法律实务部门学习，与司法实务单位保持密切联系，多参与实践训练。高校也可设立模拟法庭、法律诊所、法律教学实验室等实践基地，鼓励教师参加法律职业技能大赛。让法学教师全程参与到学生的实习过程，在给予学生指导的同时也能提升法学教师的"双师"能力。

2. 建立法学专业"双师型"教师的激励和制约机制

应用型本科高校可以建立"双师型"教师的激励制度，调整教师职称评定的规则，将教师指导学生进行实务训练的成果纳入考核指标；提高"双师型"教师的福利待遇，适当提高其课时工资，并在科研上给予一定的倾斜，激发法学专业"双师型"教师的工作热情。同时，高校对于法学专业"双师型"教师也要采取一定的约束措施，防止教师流失。高校可以明确规定法学"双师型"教师要承担一定的课时任务，承担案件不得超出自身任教专业领域，限定"双师型"教师的办案次数以及一个学期内调课的最多次数等，每年在科研上也要有一定的成果。高校要加强对"双师型"教师的监督，充分发挥"双师型"教师在法学实践教学中的优势。

3. 产教深度融合，校企共建法学专业师资培训基地

应用型本科高校中的法学专业应与政府、司法机关、法律事务所，以及相关企事业单位形成战略合作伙伴关系，共同推进产教融合，建立法学专业"双师型"教师的培训基地。这些部门根据实际岗位需求，通过项目引进等方式引领师生融入实践工作环境，学校也可以引进或者聘请司法工作人员对教师进行专业实践培训。高校与社会各单位联合共建法学专业联盟，实现产学研用、协同合作，共同促进教师和法学人才的培养，为法学专业"双师型"教师提升素质能力提供有力的平台保障，逐步形成多方共赢的长效合作机制。高素质的法学人才是法治国家建设的重要力量，学生的培养质量在一定程度上取决于法学教师的业务素质和实践能力。应用型本科高校应加强对法学专业"双师型"教师队伍的建设，合理规划培养模式，转变师资队伍建设理念，加强法学人才实践能力的培养，从而满足社会对法学专业毕业生的需求。

二、调动教师的积极性

自 2013 年"双千计划"实施以来，许多法律实务工作者进入高校成为兼职教师，给法学的课程教学带来了新的改变。这些教师具有丰富的实务经验，能够把自己在实务过程中遇到的实际案例引入课堂教学，以一种通俗易懂的方式让学

生参与到案例中来。同时教师也可以传授一些自己在执业过程中的心得体会以及职业道德伦理，有助于学生在未来的执业过程中树立良好的道德意识和法律观念。

当然，还应当充分调动教师的积极性以保障教师可以更加积极地参与到法治人才的培养过程中来。首先，改进人事制度。我国目前的教师制度由人事局统一管理，教师的档案和教师绑定在一起，一般情况下不会轻易变动。因此，在调动教师和实务部门工作者教学积极性的过程中，要完善教师的管理体制，认真解决教师在编制、职务晋升、奖金福利和收入等方面的问题，使得教师可以安心地进行教学工作，没有后顾之忧。其次，提高资金投入。国家应该改革教师奖励机制，以提高学生学习成绩和鼓励教师贡献为主要根据，激励教师提高教学水平，安心工作，服务学生与教学。同时建议行政部门在切实保障参与"双千计划"的实务部门人员的薪金补贴和绩效工资能够保额保质落实之外，实行诸如教师补贴制度等，合理补偿教师和实务部门工作人员在交流期间的利益损失。保障教师和法律实务部门的工作人员在高校授课时有政策和资金的支持，调动他们工作的积极性，从而能够更好地把自己的知识和经验传授给学生。

三、通过"双千计划"提升教师实务教学能力

（一）"双千计划"对提升教师实务教学能力效果不佳的原因

一方面，"教师实务教学能力不够"是高校法学教育面临的一个突出问题，这一问题与社会对法治人才实务能力的高要求之间产生了较大的矛盾；另一方面，作为"双千计划"的参与者，法律工作者认为双向交流机制实施"效果明显"的比例显著高于教师，而教师认为"没有效果"的比例明显高于法律工作者。这组差异反映出一个容易被忽视的现实，即高校教师在双向交流中的获益感不如法律工作者，相比而言，该计划对高校教师的提升效果不佳。如何发挥"双千计划"的作用，促进高校教师实务教学能力的提升就成为一个亟待解决的问题。

之所以会出现上述问题，其原因主要在于两个方面。第一，思维方式和工作习惯的差异导致高校教师难以快速适应实务部门的工作。大学教师工作最大的特点之一就是时间相对自由，除固定的课堂教学时间以外，其他时间基本可以由教师本人自由安排。这固然符合学术研究的特点和需要，但是也在一定程度上使部分教师形成了相对自由散漫、时间观念不强的习惯。而且法学学术研究强调的是独立思考，在很多情况下不需要团队合作，因此少数高校教师团队协作能力较差，大局意识较弱。此外，由于学术研究注重观点多元、鼓励批判，而法律实务工作

注重以事实为依据、以法律为准绳，对待同一个问题，实务思维方式与学术思维方式常常存在很大的差异。因此很多时候，法律实务部门，尤其是法院等机关并不敢直接将案件分配给挂职的教师独立进行审判。第二，管理制度的缺失和考核制度的脱钩造成交流挂职的教师难以深度参与实务部门的工作。对于到法律实务部门工作的教师而言，朝九晚五坐班制的工作方式给教师增加了不小的压力和负担。尽管挂职期间可以免除学校教学任务，但是科研任务并不会因此而减少。而且在对高校教师而言最重要的职称评定方面，科研成果依然是最重要的评价指标，挂职期间的工作成绩则显得无足轻重。因此，从某种意义上说，挂职对高校教师而言意味着新增了一份工作，在总精力有限的情况下，只能适当减少投入。现实中，挂职的教师不按时上下班，甚至只是偶尔出现的情形并不少见。由于实务部门对教师并无实质性的考核权限，实务部门往往也选择睁只眼、闭只眼。

此外，站在实务部门的立场上，法院和检察院实行员额制改革以后，法官、检察官办案实行终身追责制度。对于高校教师在挂职期间所办案件，如果在挂职结束后被认定为错案，其责任追究也难以与法官、检察官问责制度实现有效衔接。正是这些现实的原因造成了高校教师和法律实务工作者互聘工作深入实施的障碍。

（二）完善措施

只有解决上述问题，才能使高校教师真正投身于实务部门的工作，切实提升自己的实务教学水平。基于此目的，对"双千计划"的完善可以从工作管理、科研激励和考核评价三个方面实施。

首先，健全挂职单位对挂职教师的日常工作管理制度，包括日常考勤管理、工作量管理、工作流程管理等。凡是在实务部门挂职的教师，必须遵守实务部门的工作时间和考勤制度，按照挂职单位的工作制度和工作流程完成岗位对应的工作。由于经验相对不足，挂职教师的工作量可以适当少于挂职单位同岗位、同职级的工作人员，但是也要保持适当的比例。毕竟实务工作能力的提升必须建立在一定工作量的基础上，没有人可以通过旁观或者浅尝辄止的尝试就可以成为实务经验丰富的人。法院、检察院这种专业性非常强的单位对审判工作和检察工作不仅有着严格的程序要求，而且每个案件都直接关系着当事人的权利、义务，对案件经办人的专业水平有着较高的要求。因此，挂职单位可以通过充分发挥合议制度和集体讨论制度的功能来保证挂职教师承办案件的质量。当然，挂职教师对于自己在挂职期间承办的案件，同样应当受到责任终身制的约束。

　　其次，可以增设专项课题，对"双千计划"互聘人员实施科研激励。众所周知，科研是高校教师的重要工作。然而，从过往的情况来看，参加"双千计划"往往会影响高校教师的科研工作。主要原因在于实务性课题绝大多数是由最高人民法院、最高人民检察院和司法部等部门进行招标，高校教师往往很难获得，而国家社科基金、省级社科基金以及教育部等部门往往很少有针对法学实务工作的课题。鉴于此，可以由中国法学会牵头、地方法学会共同参与，在课题门类中增加"双千计划"实施专项课题，仅限"双千计划"互聘人员申报。由互聘人员担任课题负责人，高校教师和实务工作者组成课题组，专门针对"双千计划"实施中的重难点问题，围绕具体案件、着眼于促进案例教学发展进行深入研究。通过增设专项课题，一方面可以提升高校教师参与"双千计划"的积极性，另一方面也可以提升实务部门法律工作者进行科研工作的理论水平。

　　最后，完善高校的考核评价体系。对高校教师而言，在法律实务部门挂职工作期间显然没有课时，也很难出学术研究成果。然而，大多数高校的职称评价指标依然以课时量为基本前提，以科研成果为决定性因素。又由于参加"双千计划"的教师在挂职期间必然减少参与本校的其他工作，因此，往往在年度考核时难以获得较高的评价。此外，对于兼职从事律师业务的高校教师来说，如果在法院或者检察院挂职交流，则不仅在挂职期间，而且在挂职结束后也会受到法官法、检察官法和律师法等关于任职回避规定的约束，其作为律师代理案件会受到一定程度的限制。这些"负面"因素都会影响高校教师参与"双千计划"的积极性。上海市"卓越法学教育"专家工作组组长王立民教授对2013—2016年上海市落实"双千计划"的专家人数进行了统计，要求上海高校选聘的人数和要求上海高校派出的人数均为45人，高校实际选聘人数为44人，实际派出人数为34人。多达10人的人数差表明，高校教师对"双千计划"的参与热情明显不如法律实务专家。要解决这个问题，自然要先消除前面所述的"负面"因素，适当增加参与"双千计划"在高校职称评聘和年度考核中的权重，让赴实务部门挂职锻炼不再成为一个"得不偿失"的选择。

第五章　现代法治人才培养

在全面依法治国新时代，国家治理现代化与新文科建设背景下的法学教育面临经济发展的新常态、法治建设的新发展、科学技术的新突破等新形势、新机遇和新挑战，培养德法兼修的高素质法治人才以适应建设中国特色社会主义法治国家的实际需要是当前法治人才培养的重要内容。新时代中国特色社会主义法治共同体不仅要具有相同的法学知识体系、法律推理能力与法治实践技能，而且应当具备相同的法治理念、法治思维和法治精神。因此，本章主要从法学教育的人才培养目标、法治人才培养的根本遵循、法治人才培养的时代使命、法治人才培养的路径探索四个方面展开全面论述。

第一节　法学教育的人才培养目标

一、法治人才培养目标的时代内涵

（一）法治人才的特殊性

法治人才是具有丰富的法律基础知识、知晓深厚法学原理、具有娴熟的法律职业技能、符合法律职业道德标准，从事立法、执法、司法、法律服务等法律工作的专门人才。"与其他类型的人才相比较，法治人才的最大特点是，法治人才是活动于'法治'领域，从事立法、执法、司法、法律服务、法学教育研究的专门人才。""全面发展的法治人才不仅应该具有法律从业者的综合素质，更为重要的是应该具有社会主义法治信念和社会责任感。"法治人才既要熟悉和坚守中国特色社会主义法治体系，又应具备良好的法学知识体系和法治实践技能。关于法治人才的基本素养，有学者认为主要有两个方面："第一，要熟悉和坚守中国特色社会主义法治体系；第二，要德法兼修。因为，如果不熟悉我国的法治体系，专业性不够，当然不能算'人才'；如果不能坚守中国特色社会主义法治体系，不能从中国实际出发，用正确的法治理论武装头脑，不能用法治思维和法治方式有效解决问题，就不能算'法治'人才；同时，仅有法律和法治的维度，而缺少道德和德治的维度，做不到德才兼备，也不能算法治人才。"

那么，法治人才到底应具有哪些基本素养呢？有学者认为，对法治人才内涵的理解需要兼顾普遍性与特殊性，可分别从作为一名公民，到一名公务员，再到一名法治人才三个层次来把握。结合全面依法治国、深化法治实践对法治国家人才建设队伍的具体要求，法治人才不同于一般人才的特殊性主要体现在三个方面：第一，法治人才的思想道德素养和职业伦理要求比一般行业的普通人才更高。法治人才代表着国家建设实施基本方略的价值取向，因此法治人才的道德水平和政治素养应当比一般行业的普通人才要求更高。第二，法治人才的专业技能和实践能力比一般人才更强。由于法学学科所具有的实践性和实用性特点，法治人才的法律专业技能和法治实践能力应当比其他行业人才的能力更强，这样方能体现法治作为国家治理基本方式的特征，彰显法治国家治理方略的现代性。第三，法治人才的批判意识和思维方式比一般行业的普通人才更成熟。法治人才要有不同于一般人才所独有的批判意识和法治思维，是因为处理社会实践中的法律事务和矛盾纠纷更需要法律人具有理性、客观、中立的品质，这样才能不断推动法治文明向前发展。

（二）法治人才培养目标的时代性

在中国特色社会主义新时代全面依法治国的背景下，法治人才的培养目标具有以下时代内涵。

首先，法治人才的培养目标集中体现了全面依法治国新时代所要求的各行业各领域都应实现法治化的治理目标，与建设中国特色社会主义法治国家、实现中华民族伟大复兴的目标更为契合。法治人才的培养目标非常鲜明地体现出法律职业的独特性，并且集中在专门从事法律工作的法官、检察官、律师等法律专门行业。但随着全面依法治国成为新时代的主旋律，法学教育必须立足法治国家、法治政府、法治社会一体建设的全局，培养全面依法治国所需的各行业法治人才。中国特色社会主义法治国家建设需要全体社会成员共同参与，特别是分工日渐精细化、专业化的行业领域的法治建设需要更多法治人才的参与。而且，从全面依法治国所要求的法治国家、法治政府和法治社会一体建设来看，法治人才不仅为司法领域所大量需求，立法领域、行政领域及社会各行业的依法治理也需要大量法治人才。尤其是随着信息技术的持续快速发展，信息经济繁荣程度成为国家经济实力增长的重要标志；新兴行业投资发展亟须法律规范，部分行业国际化进程加速，整个新兴行业体系渐趋完备。在"一带一路"倡议和经济全球化发展契机下，推进国际交流、促进新兴行业发展、促进行业间的交叉融合与对话合作，都需要大量既懂战略性新兴产业技术技能，又了解本行业法律规范制度运作的应用型、复合型、创新型法治人才。

概而言之，各行业实现依法治理是建设中国特色社会主义法治国家的基础条件和重要内容，各行业的法治化水平是中国特色社会主义法治国家建设的基本标尺。在实现国家治理现代化的过程中，发挥重要作用的除了国家制定的法律法规，还有各行业的自治规范。通过培养多元行业法治人才、制定行业自治规范是实现行业依法治理的前提，也是建设中国特色社会主义法治国家的客观要求。因此，在确定法治人才培养目标时，不能仅仅强调职业化教育的一元性，不可局限于司法中心主义的人才培养导向，而是需要从法律职业共同体主体的复杂性、法科人才培养社会需求的多元化和法学职业教育目标多层次的维度来综合考虑，科学地确定法治人才的多元化培养目标。各校的法学专业也可相应地根据学科优势、历史传统、师资特点、地域环境、发展规模等因素，依据人才的不同类型、各行业的不同需求、多元化法治人才的走势、国家和社会及地方经济的具体需要，科学合理地确定多元化的法治人才培养方案和人才培养模式。为了适应全面依法治国的需要，国家法治建设需要多元行业化法治人才的共同参与，不同地域、不同领域需要不同层次的法治人才。各高等学校只有在清楚认知当前社会对法治人才的现实需求、深刻分析自身法治人才培养优势和资源特点的基础上，才能恰当地确定合适的法治人才培养目标，制订科学合理的培养方案，创新法治人才培养机制，使培养的法治人才更适合国家法治建设的要求。

其次，法治人才的培养目标反映了法治的应用性特质和实践性特征，要求各行业的法治工作者具备良好的法治实践能力和素养。在以往的法学教育中，人才培养目标更为强调"法律人才"的培养，主要侧重人才培养的静态的法律文本和法律知识层面；而"法治人才"培养目标，更为强调人才培养的动态的法治实践能力和思维方式层面。法学的实践性学科特点决定了法学教育具有深刻的法律职业背景，也决定了法学教育的应用性特点。法治人才培养应服务于法治实践，法治实践技能是法治人才基本素质的重要内容，培养法学专业学生的法治实践能力是解决应用型法治人才短缺问题的根本措施。

因而，法学教育应以学生法治实践能力的培养为着力点，特别要强调应以解决中国法治实践问题为出发点，通过研究中国法治实践，培养学生的中国立场和问题意识。"中国特色社会主义法治道路是中国特色社会主义道路不可或缺的重要组成部分，是全面推进依法治国、建设社会主义法治国家的根本道路。它是我们党带领中国人民在改革开放、建设社会主义法治国家实践中走出来的，符合中国国情和中国人民意愿，并将在实践中继续发展完善。"法治人才的中国立场和问题意识对于法治人才有效参与法治实践、解决社会生活中的法律问题极为关键，是法治人才培养的基本原则，在法学教育的过程中应当时刻把握这一要求。因此，参与中国特色社会主义法治事业的建设者都应当具体参与到法治人才培养的各方面和全过程中。培养法治人才的职业技能应加大实践课程的设置比例，应当在所有的课堂讲授中都贯彻实践教学的基本目标，通过长效化的工作机制使法治实务部门的法律工作者能够真正参与到法治人才培养的各环节，同时增强其法治实践技能。

最后，法治人才的培养目标彰显了法治国家建设对法律职业共同体应具备的法治精神和法治信仰的品格要求。"法治"是法律和法学的灵魂，其本身就具有重大的社会价值。坚持法治，是法律人能够为社会做出的最大贡献。法治精神是法治的灵魂，一切制度的实施、一切思想理论的实践都有赖于法治精神的弘扬。法治精神是法治观念、法治素养、法治信仰等内容的综合形态，它渗透于法律制度，表现于人们的行为，沉淀于一个国家的文化之中。法律的权威来自人民的真诚信仰，法治只有成为信仰，成为自觉，才能彰显力量。法治人才应当"是价值共同体。无论是法治实践中的何种角色，他们都把法律等同为正义，把司法的过程理解为实现公平正义的艺术，把实现公平正义作为共同的追求。他们之间的争执、对立，不是为了远离公正，而是为了向对方表明自己更接近公正。公正是他们的共同修养、共同境界"。因此，从法治人才培养开始，通过法学教育让法律职业共同体的每一个成员都能够树立法治信仰，运用法治思维，全面认识和深刻理解我国社会主义法治体系。以扎实的法学知识和理论为基础，以提高全民法治意识为己任，努力传播、弘扬和实践社会主义法治精神，积极参与到全面依法治国和建设社会主义法治国家进程中去，形成全社会遵法崇法、遵法守法的良好氛围。

人类社会发展的历史表明，人民群众对法治的信仰是全面依法治国的动力源泉，是法治中国建设的精神支撑。法治信仰是对法治的内心确认，是真诚地认同法治价值、弘扬法治精神、遵守法制规则、崇尚法治权威和捍卫法治尊严。习近平总书记强调，"宪法的根基在于人民发自内心的拥护，宪法的伟力在于人民出自真诚的信仰""法律要发挥作用，首先全社会要信仰法律""做到严格执法、公正司法，就要信仰法治、坚守法治"。法治人才在接受法学专业的系统教育后，对社会主义法律体系的内容以及实施过程、结果产生信任和肯定，发自内心地认可、崇尚、遵守和服从法律，把法治作为处理问题、维护权益的手段，成为社会主义法治的忠实崇尚者、自觉遵守者、坚定捍卫者。因此，在法学教育过程中让全体法科学生养成牢固的法治观念和坚定的法治信仰，是未来法学教育改革的基本内容和重要面向。

二、法学教育与改革对法治人才培养目标的要求

党的十八大报告中关于法治建设方面有许多新思想和新论述，从这些思想和论述中可以看出新时期党和国家对于法治的关心与重视，同样也对法律人才提出了新的要求。

从广义上来看，法律人才应当包括法学学术人才和法律职业人才。从教育部和中央政法委联合颁布的《关于实施卓越法律人才教育培养计划的若干意见》来看，法律人才主要是指法律职业人才。一种职业的产生源于一定的社会需求，有什么样的社会需求，就会产生什么样的职业。因此，职业人才的评价标准应当与相应的社会需求密切关联。纵观法学的教育与改革历程以及十八大中的法治建设内容，我们可以看出，新时期的法律人才需要具备忠诚的政治本色、坚实的法律素养、高超的法律技能、真挚的为民情怀、宽厚的人文底蕴、良好的职业形象。唯有培养出这样一批高素质、高质量的法律人才，才可能更好地做到"以事实为依据、以法律为准绳"，切实地维护社会的公平与正义，更好地维护司法权威。

三、新时期法学教育的人才培养目标

为谁培养人、培养什么人、怎样培养人的问题是教育首先要解决的基本问题。受高等教育的内部规律和外部规律的制约，在不同历史时代，法学教育的培养目标和任务也不尽相同。中华人民共和国成立初期，为了巩固新生的人民民主国家政权，客观需要培养为人民民主专政服务的"政法人才"。进入改革开放和社会主义现代化建设新时期，法律在社会生活中的地位不断提高，影响范围不断扩大，建立中国特色社会主义法律体系是推行依法治国方略、建设社会主义法治国家的基础工作。这个时期法学教育的目标和任务是培养"法律人才"乃至"卓越法律人才"。

进入 21 世纪以后，教育部和中央政法委组织实施了"卓越法律人才"教育

培养计划，提出培养应用型、复合型法律职业人才是实施卓越法律人才教育培养计划的重点，把培养涉外法律人才作为培养应用型、复合型法律职业人才的突破口，把培养西部基层法律人才作为培养应用型、复合型法律职业人才的着力点。创新卓越法律人才培养机制，探索"高校－实务部门联合培养"机制，探索"国内－海外合作培养"机制，推进法学教育改革发展。

进入新时代，习近平总书记明确提出了培养信念坚定、德法兼修、明法笃行的高素质法治人才的新目标和新任务。习近平总书记于 2017 年 5 月 3 日在中国政法大学考察时的讲话、2018 年 8 月 24 日在中央全面依法治国委员会第一次会议上、2020 年 11 月 16 日在中央全面依法治国工作会议上的讲话等一系列重要讲话，明确了新时代法学教育的根本目标和任务是培养造就一大批信念坚定、德法兼修、明法笃行、德才兼备的高素质法治人才及后备力量。需要特别重视的是，对于法学教育的根本任务的定位，从"卓越"到"高素质"，体现了对法学教育性质认识上的重大转变；从"法律人才"到"法治人才"，虽只有一字之差，却蕴含着丰富的内涵，体现了新时代法治中国建设对于专门人才素质要求的历史性变革，体现了法学教育高质量发展的时代特征和中国特色。

习近平总书记在中国政法大学考察时指出，"法学教育要坚持立德树人，不仅要提高学生的法学知识水平，而且要培养学生的思想道德素养。首先要把人做好，然后才可能成为合格的法治人才"。他针对青年学生的职业理想讲道：现在不少青年有志于从政，未来党和国家各级领导干部也必然出自今天的青年，青年从现在起就应该形成良好的思想政治素质、道德素质、法治素质。他希望法学专业广大学生德法兼修、明法笃行，打牢法学知识功底，加强道德修养，培养法治精神，而且一辈子都要坚守。可以说，关于新时代法学教育培养信念坚定、德法兼修、明法笃行的高素质法治人才的新理念、新思想、新战略，科学回答了新时代中国法学教育的三个基本问题：为谁培养人、培养什么人、怎样培养人。

为建设社会主义现代化国家、实现中华民族伟大复兴培养信念坚定、具有社会责任感、能够担当民族复兴大任的高素质法治人才，是新时代法学教育的根本使命。法学教育培养的专门人才首先是未来满足法治建设需要的人才，而新时代的法治建设是按照全面依法治国战略布局推进的。全面依法治国是十八大以来党中央协调推进的"四个全面"战略布局的组成部分，是实现统筹推进"五位一体"总体布局、建设社会主义现代化强国的战略举措。因此，新时代法学教育培养高素质法治人才的目的和使命是为坚持和发展中国特色社会主义的总任务服务，为建设社会主义现代化国家、实现中华民族伟大复兴服务。同时，习近平总书记法治思想的一个重要内容是坚持在法治轨道上推进国家治理体系和治理能力现代化，法治是国家治理的重要依托。高素质法治人才既是法治工作队伍的后备力量，也是治国理政的后备力量。新时代法学教育培养法治人才的职业面向，不限于司法职业如法官、检察官、律师等，而是面向更为广泛的中国特色的"法律职业"，或者说是"法治工作队伍"。习近平总书记在党的十八届四中全会上的讲话中明确指出，"我国专门的法治队伍主要包括在人大和政府从事立法工作的人员，在行政机关从事执法工作的人员，在司法机关从事司法工作的人员。全面推进依法治国，首先要把这几支队伍建设好"。可以说，立法、执法、司法三支队伍是我国专门的法治工作队伍的主要力量。此外，律师、公证员等法律服务人员，以及高等学校法学研究和法学教育工作者，也是我国法治工作队伍的组成部分。法学教育培养的高素质法治人才应当直接服务于法治工作队伍建设，成为法治工作队伍的主要来源。同时，在全面依法治国背景下，坚持在法治轨道上推进国家治理体系和治理能力现代化的战略布局，必然要求法学教育要面向党政机关、企事业单位、社会组织培养复合型法治人才，以适应党政管理干部、企事业单位领导人员、社会组织管理人员队伍建设需要。

第二节　法治人才培养的根本遵循

一、基本原则

所谓人才培养的基本原则，是指人们在总结人才培养实践经验的基础上，根据一定的人才培养目的和对人才培养规律的认识，而制定的贯穿于整个人才培养过程、指导人才培养工作的根本精神和基本准则。人类历史上的教育实践表明，人才培养的基本原则主要受到以下几方面因素的影响和制约：一是人才培养的基本原则要受到人才培养目的的制约。任何人才培养原则或人才培养原则体系的提出，必须服务于一定的人才培养目的，为实现教育目的服务。二是人才培养的基本原则要正确反映人才培养的客观规律。人才培养的基本原则是人才培养规律的反映，规律决定人才培养原则。三是人才培养基本原则也是人才培养实践经验的概括和总结。人才培养实践经验越丰富，对人才培养规律的认识也就会越全面，从而更有助于制定科学的人才培养原则。具体来说，法治人才培养的基本原则包括以下内容。

第一，人道主义原则。法学教育和法治人才培养中的人道主义原则是指，教师应当基于人的本性和人的尊严，在教育过程中始终将学生作为主体而不是客体，充分发挥学生在教育过程中的主动性和积极性。为此，在人才培养的过程中，教师应爱护学生的生命、尊重学生的人格尊严，使教育过程和教育目的充满仁爱和人道主义精神。人道主义原则要求教师满足学生作为人的正常而合理的需要；在教学过程中应尊重学生的人格尊严和基本权利；创造旨在培养人性的富有自主性和创造性的学校生活；有意识地培育学生的人道主义意识和精神；向学生提出严格而合理的要求。

第二，个性原则。人才培养的个性原则，主要指教育过程中应尊重学生的差异性、独立性和自主性，并有意识地培育每个学生的独立的个性。共性寓于个性之中，个性又受共性的制约。创新人才培养机制的关键是塑造学生的个性，表现在具体的教学活动中，就是尊重学生的主体性，做到因材施教。正因为教育的目的是帮助学生认识自己、发展自己和成为最好的自己，既然每个学生都是富于个性的存在，尊重学生的个性归根到底就是尊重每个学生的差异性和自主性。为此，学校要以学生为本、尊重个性，让学生充分认识自我价值、树立自信。尊重个性既是创造性教育的基本追求，也是培养创造性人才的需要。结合我国人才个性化培养的实践和探索，个性化的人才培养模式应结合行业发展趋势和专业特点实行类型化培养，力争让每一个学生都能够选择适合自己的专业，培养学生独立的兴趣爱好，为学生今后的自由全面发展提供充足的教育资源和保障机制。

第三，创造性原则。人才培养的创造性原则，主要指教育者在充分尊重受教育者主体性和个性的基础上，将培养受教育者的创造性放在极其重要的位置。为此，在教育过程中要充分尊重学生的主体地位和学习的积极性、主动性，维护学生的好奇心，鼓励学生对问题进行不同层面、不同维度的研究；肯定学生的探索和尝试，培养学生的自信心，鼓励多样性和个性化的表达。教育过程应以学生为中心，把教师的主导和学生的主体地位结合起来；提倡因材施教，根据学生的不同特点设计不同的教育方式。

第四，民主性原则。人才培养的民主性原则是指，受教育者权利平等、机会均等，在受教育的过程中应受到同样的对待。教师的主导和学生的主体地位应结合起来，并提倡启发式教育。具体来说，一是受教育者教育权利平等、机会均等。每个社会成员都享有平等的受教育的权利和机会。二是教育管理民主化。这是人才培养教育管理活动必须遵循的基本主导性原则之一，民主性原则应当贯穿于学校教育管理活动的始终。三是教学过程的民主化。在教师的教学过程中，教学资源应平等地为每个受教育者所享有，每个学生的学习权利和资源获得的权利应当是平等的。值得注意的是，人才培养民主性原则所追求的平等，与其他人类活动所遵循的平等原则一样，是"相对的平等"而非"绝对的平等"。正因为个体差异不可避免，因此在教学过程中应最大限度地坚持平等原则，实现每个独立个体的自由全面发展。

二、法治人才培养的基本规律

《高等法学教育贯彻十八届四中全会精神的教学指导意见》指出，高等法学教育要坚持遵循规律、有机融入。要遵循教育教学规律和法治人才培养规律，把中共十八届四中全会审议通过的《决定》精神特别是《决定》提出的新思想、新观点、新论断、新要求进行科学、有机的学理转化，调整教学大纲，更新教学内容，完善知识体系；根据教学内容改革教学方法，调动学生学习的积极性、主动性，提高课堂教学水平和法治人才培养质量。实践证明，法治人才并非自然而然长成的，需要各培养单位按照一定的目的有计划、有步骤地进行教育和训练。由于法治人才和其他人才相比，是活动于特定"法治"领域，从事立法、执法、司法、法治实践服务、法学教育研究等工作的专门人才，具有特定的专业技能要求和职业伦理标准。因此，法学教育要适应法律职业人才特殊的职业素养、职业能力、职业操守要求，按照中国特色社会主义法治建设队伍正规化、专门化、专业化、规范化标准，分层次、分类别进行法治人才培养。

（一）尊重国家和社会发展的时代规律

既然法治人才培养与中国特色社会主义法治国家建设及全面依法治国战略目标的实现紧密相关，那么，法治人才培养首先应尊重国家和社会发展的时代规律。在法治已经成为治国理政基本方略的当下，法治人才培养是国家长治久安的内在动力，是壮大创新型人才队伍的资源保障，承担着中华民族伟大复兴的时代使命与历史责任。如何适应中国特色社会主义法治事业的发展趋势，培养出一大批始终能够忠于党，能够坚定不移地坚持中国特色社会主义法治道路，坚持把我国的根本政治制度、基本政治制度同基本经济制度以及各方面体制机制结合起来，坚持把党的领导、人民当家做主、依法治国结合起来的法治人才队伍，是当前面临的一个重大挑战。要加强法治人才队伍建设，要把培养合格的法治人才放在首位，把法治人才资源转化为社会资源的生产力。学校要完善法学理论体系、学科体系、课程体系等，建立符合法治人才队伍特点的管理制度，为实现全面依法治国战略目标打造一支高素质的创新型法治人才队伍。

高校作为法治人才培养的第一阵地，要充分利用学科齐全、人才密集的优势，加强对法治及相关领域基础性问题的研究，对复杂现实进行深入分析、做出科学总结，提炼规律性认识，为完善中国特色社会主义法治体系、建设社会主义法治国家提供理论支撑。在法治人才培养工作中，要时刻牢记法治人才培养的中国立场和中国意识，推动中国特色法学学科体系的构建，推动中国特色法学教材体系的完善。在明确新时代发展中国家和社会面临的新形势、新问题的基础上，继承我国法治人才培养工作的既有成绩和先进经验，与时俱进地回应中国特色社会主义法治建设中的中国问题，将我国的法治人才培养办出中国特色、中国风格和中国气派，并能够切实回应法治国家建设对法治人才的需求。

（二）尊重法治人才培养的德育规律

法治人才培养应特别强调法治人才道德品质的养成规律，尊重法学教育的德育规律。法学教育和其他任何教育一样，首要注重的是人的品德的培养，对社会和国家的责任感、使命感和紧迫感，树立正确的人生观、世界观和价值观，是法科学生的首要素质。新时代法治人才除了具备上述品德外，鉴于其专业性质与国家法律制度、法治实践联系密切，还必须具有忠于国家和人民、维护法律的权威和尊严、追求正义、维护公正的品德，这是合格法治人才必须具备的基本素质。而且，与其他一般性人才相比，法治人才崇高的思想政治理念和道德品质素养至为关键。

基于法治对治国理政的重要战略意义，法科学生唯有具有较之一般社会成员更强的正义感、法治意识、法治观念和法治信仰，才不会仅仅把法律知识作为职业工具，而是作为事业奋斗的价值旨趣和崇高志向。这就有赖于法学教育中对德育的重视和普及。法学教育应当帮助学生明辨是非、认清事物的本质，变得积极向上、胸怀宽广。在法学教育的过程中，要时刻提醒法治人才成为遵法学法守法用法的模范，应积极参与法治实践，以实际行动带动全社会崇德向善、遵法守法，从而营造出整个社会的良好法治文化氛围。

为此，法学教育应坚持立德树人，注重培养学生的思想道德素养和法律职业伦理。高等学校应通过课程设置、实践教学、参与社会法律公益活动等方式，不断培养法治人才思想道德素养和法治精神，培养法治人才的法治思维和规则意识，将思想道德建设和法律职业伦理的养成贯彻到法治人才培养的整个过程之中。通过加强法治人才思想政治教育、理想信念教育、职业伦理教育和法治信仰教育，深入开展社会主义核心价值观和社会主义法治理念教育，坚持党的领导、人民当家做主、依法治国的有机统一，建设一支兼具知识、能力与素养的法治人才队伍。法科学生要树立与中国特色社会主义时代主题高度一致的理想信念，胸怀祖国和人民，勇于担当时代赋予的历史责任，努力成长为担负中国特色社会主义法治国家建设职责的中流砥柱。

（三）尊重法治工作队伍的形成规律

法治人才培养应尊重法治工作队伍形成的行业规律，培养法治人才的职业伦理与社会责任。在全面依法治国新时代，法学教育应适应社会多元行业发展的需要，面向全社会培养大批既具有全面系统的法律专业知识，又具有本行业专业知识与能力的复合型、应用型、创新型法治人才，满足各级执法部门和管理部门在实施依法治国基本方略中对各级各类执法人员、管理人员提出的必须具备法律素质的职业要求，开展专门培训。为此，法治人才培养应加强法律职业伦理教育，实现法治人才队伍对法律的拥护、忠诚和真诚信仰。在人才培养方案的具体制订中，应将中国特色社会主义法治理论的学习和掌握放在首位，将法律职业伦理教学贯彻到教学过程的各个环节之中。在法律职业准入方面，要明确法律职业伦理的要求，明确将法律职业伦理的考核作为法律职业的准入门槛之一。

尊重法治工作队伍的形成规律，在法学教育的过程中就应强调法律职业的特殊性，特别是法律职业伦理的重要性。法律工作者即法律从业人员，是指具有共同的思想政治素质、法律职业能力、法律职业伦理和法律从业资格要求，专门从事立法、执法、司法、法律服务和法律教育研究等工作的职业群体的总称。对于国家而言，尊重法治人才培养的行业发展规律，就要高度重视法治人才的职业发展，统筹职前教育和职后教育，推进从业人员在职进修培训、攻读学历学位的学习成果累计、认可、转换等制度的规范化，构建起符合我国国情的法治人才教育体系。特别要重视和大力加强少数民族地区双语法治人才培养，加大少数民族法治人才培养力度，加强广大基层地区的法治人才培养，着力解决好法学教育发展与法治人才培养地区不平衡问题，不断促进各地区法学教育资源的平衡配置与法治人才培养的均衡发展。

（四）尊重法学教育的教学过程规律

法治人才培养应尊重法学教育的独特规律，将法学知识教学与法治实践教学结合起来。法治人才不仅应当具备良好的专业知识素养，而且应当拥有娴熟的法治实践技能。这就需要在法学教育过程中处理好知识教学和实践教学的关系，让学生具有丰富的理论知识和较强的法治实践能力。法学专业知识的学习是法治人才培养的基本途径。目前，法治人才培养中存在的一个较大问题是知识教学与实践教学脱节。法学理论是法学的根基所在，没有深厚的法学理论基础，就没有法治人才良好的法治能力。因此，新时期的法治人才应该通过加强法学专业知识学习，尤其是通过法学核心课程的学习，牢牢掌握法学的基本原理、基础知识和专业体系，夯实理论基础。

为此，必须优化法治人才培养师资队伍，建设一支高素质的法治人才培养专家和教师队伍。中共十八届四中全会审议通过的《决定》指出，"健全政法部门和法学院校、法学研究机构人员双向交流机制，实施高校和法治工作部门人员互聘计划，重点打造一支政治立场坚定、理论功底深厚、熟悉中国国情的高水平法学家和专家团队，建设高素质学术带头人、骨干教师、专兼职教师队伍"。法学师资队伍是法治人才培养的宝贵资源。习近平总书记多次强调，教师是人类灵魂的工程师，承担着神圣使命。传道者自己首先要明道、信道，高校教师要坚持教育者先受教育，努力成为先进思想文化的传播者、党执政的坚定支持者，更好担起学生健康成长指导者和引路人的责任。要加强师德师风建设，坚持教书和育人相统一，坚持言传和身教相统一，坚持潜心问道和关注社会相统一，坚持学术自由和学术规范相统一，引导广大教师以德立身、以德立学、以德施教。

同时，法学是应用性学科，具有非常鲜明的实践性特点。但长期以来，传统法学教育相对而言更重视知识教学，对解决生活中法治问题的能力培养不太重视。法治人才的法治实践能力包括综合分析能力、解决具体问题的能力、沟通合作能力、书面表达能力、口头表达能力等，其中最基本和最核心的是运用法学理论与法律知识分析和处理实际问题的能力。为培养学生的法治实践技能，必须充分发挥法治人才培养共同体的作用，落实法治实务部门在法治人才培养中的具体职责。通过充分发挥各法治实务部门在协同育人中的作用，不断提升学生的法治实践技能，促进各高等学校法学院系与法治实务工作部门之间紧密合作和联合培养，有助于提升法科学生的法治实践能力，推动法学知识教学与法治实践教学的有机衔接，从而不断提高法治人才的基本素养和培养质量。

（五）尊重法治人才的成长发展规律

法治人才培养应尊重人才培养的基本规律，在人才培养过程中将法学与其他学科交叉融合起来，培养学生的综合素养、家国情怀和社会关怀精神。随着科学技术的飞速发展和知识经济时代的到来，各行业的依法治理要求法治人才具有良好的知识基础和专业技能、行业专门知识和技能、批判思维能力和规则意识。这些都需要法治人才具备良好的综合素质，具体包括良好的思想政治素质、扎实的业务素质、全面的文化素质和健康的身体心理素质。为担负起建设中国特色社会主义法治国家的重任，法治人才不仅要具有扎实的法学专业知识基础，还应掌握法学学科以外的其他相关学科知识，如此才能更好地适应社会多元发展的需要。而且法学本身的发展历史也表明，法学与其他学科如政治学、经济学、历史性、哲学、社会学、管理学、自然科学等都有千丝万缕的内在联系。因此，有意识地选择学习一些其他学科的知识与交叉课程，是当今时代对复合型人才的客观要求。此外，外语、计算机原理与运用技能等也是法治人才必不可少的基本素养。

总而言之，面对当前经济社会变革带来的挑战，法治人才培养应紧扣全球与中国法治领域重大前沿问题，以跨学科创新团队建设等为基础，系统开展前沿科技与法律的交叉研究，加强新兴交叉学科建设，从而在未来的国家与社会发展中更好地发挥法治人才的重要作用，推动中国法学教育不断向前发展。

三、发挥法学教育在法治中国建设中的基础性、先导性作用

教育是培养人的社会活动。法学教育是培养法治人才的基础性工程，居于法治工作队伍建设的源头地位。推进全面依法治国，提高法治人才培养质量，需要从法学教育这个基础和源头做起。2014年1月7日，习近平总书记在中央政法工作会议上的讲话中指出，建设法治中国和平安中国，需要我们努力建立一支信念坚定、执法为民、敢于担当、清正廉洁的政法队伍。为此，我们必须"坚持从源头抓起，加强和改进法学教育，改革和完善司法考试制度，建立健全在职干警教育培训体系"。这一重要观点指明了法学教育改革与提高法治工作队伍素质之间的因果关系。

2017年5月3日，习近平总书记考察中国政法大学，专门对全面做好法治人才培养工作发表重要讲话，进一步强调法学教育与全面依法治国和培养高素质法治人才之间的逻辑关系。他指出，"法治人才培养上不去，法治领域不能人才辈出，全面依法治国就不可能做好"。法学教育为法治人才的培养提供专门知识体系，提供科研能力训练，提供学术理论资源，提供法治文化环境，提供实践运用途径，对于培养高素质法治人才具有基础性的决定作用。同时，教育的发展往往

是面向未来的、面向实践的、面向国际的，法学教育的"产品"是法治建设后备人才，是影响未来法治进程的人力资源。今日法学教育的目标定位，法治人才的思想观念特别是价值观，将影响未来法治活动的价值追求，影响未来的法治实践。因此，法学教育对于法治发展走向具有先导性的作用，我们关于法治的未来理想图景，必须要预先"播种"在法学教育对象的心灵深处。从这个意义上我们可以说，今天的法学教育的质量直接影响着明天的法治实践的效能。法学教育兴，则法治兴，法学教育强，则法治强；反之，如果法学教育改革发展的道路走偏了，人才培养目标定偏了，职业伦理养成教育缺失了，对于未来的法治建设也会产生不利影响。

2018年8月24日，在中央全面依法治国委员会第一次会议上，习近平总书记系统提出全面依法治国新理念新思想新战略，将其概括为"十个坚持"，其中包括"坚持建设德才兼备的高素质法治工作队伍""要坚持立德树人，德法兼修，创新法治人才培养机制，努力培养造就一大批高素质法治人才及后备力量。"

2020年2月5日，习近平总书记在中央全面依法治国委员会第三次会议上指出，要重视研究谋划新时代法治人才培养和法治队伍建设长远规划，创新法治人才培养机制，推动东中西部法治工作队伍均衡布局，提高法治工作队伍思想政治素质、业务工作能力、职业道德水准，努力建设一支忠于党、忠于国家、忠于人民、忠于法律的社会主义法治工作队伍，为加快建设社会主义法治国家提供有力的人才保障。

2020年11月16、17日召开的中央全面依法治国工作会议，是我们党和国家历史上具有里程碑意义的重要会议。习近平总书记指出，在当前和今后一个时期，推进全面依法治国，要围绕建设中国特色社会主义法治体系、建设社会主义法治国家的总目标，以解决法治领域突出问题为着力点，坚定不移走中国特色社会主义法治道路，在法治轨道上推进国家治理体系和治理能力现代化，为全面建设社会主义现代化国家、实现中华民族伟大复兴的中国梦提供有力法治保障。他明确提出了推进全面依法治国的"十一个坚持"，包括坚持建设德才兼备的高素质法治工作队伍。习近平总书记强调，全面推进依法治国，首先要把专门队伍建设好。要建设好法治工作专门队伍，就必须在法治专门人才培养上下功夫，要推进法学院校改革发展，提高人才培养质量。

关于更好发挥法学教育在法治中国建设中的基础性、先导性作用的理念，把法学教育在推进全面依法治国、推进国家治理现代化历史进程中的地位和作用提到前所未有的高度，对法学教育改革发展提出了殷切希望，彰显了以习近平同志为核心的党中央对于法学教育的高度重视，也指出了新时代法学教育应该承担的重大历史使命。

四、高水平素质教育与高质量职业教育的有机统一

中国历史上的专门法治人才培养是从近代开始的，首先是学习借鉴乃至移植欧美资本主义国家的法学教育体系。中华人民共和国成立以后，我国的法学教育"全盘苏化"，主要实行政法机关行业办学，培养政法"专才"。进入改革开放和社会主义现代化建设新时期，对于法学教育的性质问题曾经有过持续的争论，包括法学教育是精英教育还是大众化教育、是职业教育还是通识教育（通才教育）等。20世纪90年代末期到21世纪初期，主流观点认为法学教育属于素质教育。进入21世纪，随着依法治国方略的推进，社会对于法律职业人才的需求不断增长，法学教育属于职业导向教育的认识逐渐居于主导地位，推动了法学教育走向职业教育。司法考试制度的推行强化了法学教育的职业教育导向。2011年12月颁布的《教育部　中央政法委员会关于实施卓越法律人才教育培养计划的若干意见》认为，我国高等法学教育不能完全适应社会主义法治国家建设的需要的主要问题之一，是应用型、复合型法律职业人才培养不足。而实施卓越法律人才教育培养计划的一个重要任务就是培养法律职业人才。这是明确把法学教育定位为职业教育的重要文件，是对法学教育属于素质教育的观点的矫正，对于中国共产党第十八次全国代表大会之前的法学教育改革具有重要规范作用。

第三节　法治人才培养的时代使命

一、培养中国特色社会主义所需法治人才

"法学教育的首要任务是要针对中国的社会发展需求，培养更多的合格的法律人。"法治人才培养是全面依法治国系统工程的基本组成部分，是我国法治事业建设的中流砥柱和重要智力支持，也是实现民族复兴和应对未来挑战的重要方式。中共十九大报告指出，经过长期努力，中国特色社会主义进入了新时代。因此，法治人才培养首先应当认清中国特色社会主义建设所需法治人才的时代需求，培养真正能够适应社会主义法治建设与社会发展的卓越法治人才。"伴随着社会主要矛盾发生的新变化，满足人民群众对优质高等教育的迫切需求成为中国大学

的重要历史使命。"根据《普通高等学校本科专业类教学质量国家标准》的要求，全面依法治国新时代法治人才应具有的基本素质包括：一是要热爱社会主义祖国和拥护党的领导，牢固树立正确的世界观、人生观、价值观；二是要掌握法学类专业的思维方法和研究方法，能够运用法治思维和分析方法解决社会实践中的法律问题；三是要养成良好的道德品格、健全的职业人格和忠诚的职业认同感，具有为国家和人民服务的责任感和使命感，既要有家国情怀，也心怀天下。因此，在新时代培养中国特色社会主义事业所需法治人才，要主动把握新时代中国特色社会主义法治理论与实践的基本特征、深刻内涵和发展规律，深入研究新时代、新思想、新征程对法治人才的新要求、新标准和新期待，始终坚持以人民为中心的发展理念，立德树人、德法兼修，培养适应国家、社会法治建设要求的应用型、复合型、创新型高素质法治人才。总而言之，新时代法治人才培养的目的在于以德法兼修为路径，培养中国特色社会主义法治事业的建设者和接班人，以适应全面依法治国对行业法治人才的多元需求。

二、培养全面依法治国所需多元法治人才

中共十八届四中全会通过的《决定》提出，"加强法治工作队伍建设""创新法治人才培养机制"。推进法学教育改革，必须先要明确法学教育改革的根本出发点，这就是我国当前的基本国情和法治发展现状。为了适应当前国家经济社会发展的新形势，法治人才培养应当在数量和质量上都有较大提升，不仅要培养城市地区飞速发展中行业经济所需要的高素质行业法治人才，而且需要吃苦耐劳、愿意在农村基层地区奉献的服务型基层法治人才。中国法学院校要培养合格和优秀的法律人，在侧重法律职业技能训练的同时，必须把法律教育同中国社会发展的需要结合起来；应当引导学生更多了解和真切感受我们面对的这个社会，更多了解中国和世界，更多了解经济、政治和社会。实践表明，只有从我国当前的基本国情和社会现实需求出发，才能明确法学教育的时代使命，明确法学教育人才培养的目标定位和改革路径。人才培养的目标设计应根据全面依法治国的新要求，从国情和实际出发，并充分考虑不同层次、类型、所处地域、面向行业、生源质量、教学资源等具体情况，在有所区别的基础上形成标准化、规范化、稳定化的培养目标。因此，法学教育改革首先应当认清全面依法治国对多元化法治人才需求的现实，知晓法治国家、法治政府、法治社会一体建设对不同层次和不同类型法治人才的多样化需求，这样才能逐步构建起符合法治国家建设所需的法治人才培养体

系和培养模式。在此基础上形成既符合一般法学教育基本规律，又能够适应中国特色社会主义法治国家建设需求的法学教育体制，从而为实现中华民族的伟大复兴提供有力的法治人才保障。

三、培养依法治国所需涉外法治人才

（一）涉外法治人才的时代需求

中共十八届四中全会明确提出，"建设通晓国际法律规则、善于处理涉外法律事务的涉外法治人才队伍"。2017 年年初，司法部提出建立一支通晓国际规则、具有世界眼光和国际视野的高素质涉外法律服务队伍，为"一带一路"倡议提供法律服务。第一，培养涉外法治人才有助于参与国际规则制定、推进国际法治建设。目前国内企业在对外业务交往或涉外诉讼中经常处于被动局面，国内律师、法务人员等难以胜任国际法律事务的分析处理工作。第二，与国际司法实践接轨离不开涉外法治人才。随着中国改革开放的持续推进，可以预见未来将有更多的外国人来华学习、工作及开展贸易活动，涉外民商事纠纷和刑事案件将不可避免。第三，发展涉外法律服务业离不开涉外法治人才，他们对于维护我国公民、法人在海外及外国公民、法人在我国的正当权益具有重要作用。第四，开展国际法律交流离不开法律外语人才。法治人才培养的国际化要求通过国际交流与合作，着力培养师生的国际视野、世界眼光、国际交往能力和国际竞争力；推进优秀学术成果和优秀人才走向世界，不断提升大学人才培养和科学研究在国际上的影响力和话语权。培养涉外法治人才需要从多方面进行努力，从而更好地提供涉外法律服务和参与国际规则的制定。

（二）涉外法治人才的基本要求

涉外法治人才需要具备两方面的能力：一是具有国际视野，能熟练运用外语进行沟通交流，能在国际事务中发出自己的声音，并进行有效的交流与谈判；二是通晓国际规则，精通国际谈判，能够参与国际法律事务，维护国家利益。具体来说，涉外法治人才应当具备娴熟的运用法律英语进行沟通交流、处理涉外法律实务的能力。作为法律与英语的交叉学科，法律英语运用能力是涉外法治人才的基本能力。法律英语学科的目标是适应国家社会发展的需要，培养具有国际视野、通晓国际规则、能够参与国际事务的精通外语、通晓涉外法律知识、具有涉外法律技能、能够与外方进行良好沟通合作的高素质涉外法治人才。众所周知，涉外法律工作是涉外经济活动的组成部分，法律英语则是完成涉外法律工作的重要工具。

此外，涉外法治人才应当具有家国情怀、多元知识结构和良好的世界人文素养。首先，涉外法治人才对于中国国情和中国特色社会主义法治建设有着深刻的认知、深度的认同，并具有充分的解释能力，应当是具有深厚家国情怀的法治人才。家国情怀是中华民族的优秀文化传统，是我国知识分子爱国、报国的朴素表达，也是我国法治人才培养过程中的重要文化传承。因此，涉外法治人才要更多关注国家、关心民生、了解当下，要有大胸怀、大气度、大格局，不仅把法律理解成一门技术，还要站在更高层面和格局上理解和学习法律，理解法的精神和原则，知晓法律背后的价值理念。其次，涉外法治人才还要对世界形势、世界规则、世界变化有着足够的理解、认识、适应和赶超能力。最后，涉外法治人才应当具有良好的世界人文素养，知晓世界各国的人文、地理和基本法律常识，能够参与国际法律事务和国际竞争，既要精通外语，也要明晰国际法律规则。

第四节　法治人才培养的路径探索

一、传统法学教育教学的困境

（一）教与学的误解和冲突

长时间以来，大学法学课堂教育以"填鸭式"讲授为主，主要是教师在讲台上照本宣科，灌输相关法学知识，而学生则是被动接受，师生之间大多缺少互动和交流。甚至是教师上课时走进教室，下课匆忙离开，一门课程结束后，教师和学生的对话与交流也没有多少次。法学传统教育方式具有"单向性"和"封闭性"特点，学生学习存在"被动性""消极性"等问题。如此一来，教师难以获得对自己教学的准确反馈，而学生的学习效果也会大打折扣。而且一些法学教师讲授的知识主要围绕课程体系和基本原理，更多是从学术理论角度授课，导致学生毕业后所学的知识显得苍白无力，与社会需求严重脱节。传统教育侧重于理论教学和课堂教育，而忽视实践教学，忽略法律实用能力培养，很大程度上影响法治人才培养效果。有学者指山，"法律实用能力，是一种思维能力和经验分析能力，其培养离不开艰苦的理论学习和材料积累。中国法学院的学生要成为实用人才，首先要受到严格的法律理论和方法训练，学习法律背后的精深原理，学习法律规则创造性应用的方法，学习法律发展演化的历史以及法律与社会的互动关系等"。

（二）教学价值目标陈旧，教学手段单一

谈及法学教育的价值目标，我们不得不转向社会对法学教育的期待。当今的高校法学教育必须重新定位教学价值目标，实现从单一追求就业率向培养职业道德良好、执业技能扎实、价值取向正确的法律卓越人才目标的转变，从知识型人才培养转向素质型人才培养。另外，中国高校法学教育面临着资源匮乏、平台狭窄、师资力量有限等诸多问题，在教学过程中手段过于单一，难以实现对法学卓越人才的培养要求。

（三）对实践教学的功能和目标认识不到位

法学应是一门理论与实践并重的学科。所谓并重，在现阶段语境下，就是绝不能忽略实践的重要性。很多高校在法学本科期间已经设置了实践类课程，并且取得了一定的成果，但总体而言，对实践教学功能和目标的认识还不到位，其重视程度远不及对理论知识的重视。实践教学需要时间与态度支持，它的功能应当是在巩固理论的基础上发展理论，为学生提供发现问题、解决问题的机会。从这一点来说，实践教学与理论教学并不冲突。实践教学应该达到使学生初步掌握未来职业技能和融入社会的目标，并在教学中向学生传播这一思想，使其从内心正视实践教学，把握每一次实践机会，并自己寻找机会。

（四）实践类课程实质化推行缓慢

除了对实践教学的功能和目标认识不到位以外，实践教学在法学教育中的实质化推行也面临着重重阻力。一些高校虽然设置了模拟法庭、法律诊所、法律咨询、法庭观摩等课程，但往往由于难以从众多专业科目中挤出时间进行而沦为假期自主性学习课程，缺少专业老师的指导；学生往往敷衍了事。实践类课程流于形式，没有起到实质性的作用。

（五）缺乏校外实践平台

高校开展实践教学需要满足三个条件：一是寻求合作平台，实践离不开司法机关和法律实务机构的资源，靠学生自己谋求实习途径显然不现实；二是高校对外输出的实习生应该具有一定理论知识储备，没有知识储备的实习起不到理论联

系实践的作用；三是学校合理安排时间，能为学生实习提供足够长的时间，短期实习很难接触一些实质性、专业性工作。校外实践平台的搭建是开展实践教学的首要条件，学校在实习单位与学生之间要做好沟通工作，努力争取实践资源，建立长期合作机制。但从现实情况来看，许多实践资源被一些法学名校掌握，处于起步阶段的法学院校很难争取到资源。

（六）教学考核缺乏科学性，缺乏学习目标的指导意义

当前的法学本科教育体制中，教师授课质量与教师等级评定基本脱节，学生考核片面强调对于理论知识的把握。教师的职称评定同科研成果与学术成就相关，导致教师不得不把大量的时间从研究教学转移到科研方面，极大降低了教师的教学能动性。备课时间上的压缩必然导致授课质量下降，如果在教师层面做不到教学内容的精细化，如何实现最终教学质量的提升？对学生学习效果的考查变成了对理论知识的考查，引导学生变成理论的"巨人"、实践的"矮子"。

二、传统法学教育人才培养模式

（一）传统培养模式的局限

自改革开放以来，我国法学教育取得的成就令人欣慰，"从法学院校毕业的学生已有数百万，他们很多都投身于立法、司法和行政执法等各领域，为中国的法治建设奉献了青春和汗水。许多工作岗位上的杰出代表，都曾接受过专业法学教育的培养和熏陶。应该说，法学教育为我国法治建设做出了应有贡献，也基本上适应了法治建设的需要"。我国早期的法学教育主要以培养司法人才为中心，围绕司法职业能力的培养进行课程设置和培养模式创新。从法学教育传统培养模式的发展变迁可见，早期的以培养司法职业人才为中心的培养模式是适应当时社会需要的，也是当时历史发展的产物，符合特定历史时期对法治人才的培养要求。

在全面依法治国背景下，法治人才培养目标应考虑当前社会多元行业对法治人才的需求，以适应中国特色社会主义法治国家建设的需求。而传统法学教育以司法职业人才为中心的培养模式存在以下局限。

一方面，从全面依法治国所要求的法治国家、法治政府和法治社会一体建设来看，以培养司法职业人才为中心的法学教育模式难以满足建设法治国家和法治政府所需大量法治人才的要求，导致法治人才培养的"产出"和"供给"之间出现矛盾。在改革开放之初，由中央教育主管机构提出的法学教育多形式、多层次、

多渠道发展的办学方针，与目前全面依法治国所需的多元化、高素质复合型、应用型、创新型法治人才的要求已经不相适应，以培养司法职业人才为中心的培养模式也正遭遇着前所未有的尴尬境地：司法职业需求的模糊性给法学教育带来盲目性，而法学教育供给的虚胀性又给司法职业带来负面感，导致法学教育与司法职业互动性欠缺。根据有关统计，大多数法学专业的本科生和硕士生毕业以后将从事法律实务工作而非理论研究，并不仅仅是进入法院、检察院或者从事律师职业。根据相关调查数据和访谈结果可知，既具有专业知识，又具备相关行业领域基础的复合型法治人才更容易满足社会对各行业分工精细化的要求，全面依法治国更需要既具法律专业知识又有行业基层知识的复合型、应用型、创新型法治人才。另外，就建设法治社会而言，以培养司法职业人才为中心的法学教育模式存在视野的狭隘性，而全社会普遍的法治思维和法治信仰的树立、全社会遵法守法的法治理念的养成、全社会崇法敬法的法治文化的培养需要更为高远的法治人才培养视野。在人类社会文明发展史上，法治教育的本质理念即核心价值就是维护社会的公平正义，法治教育除了培养符合国家、社会乃至民众生活需求的各类专业人才，契合实际并服务于社会以外，还担当着培养人性、铸造法律信仰、传承法律文明的历史重任。在全面依法治国新时代，法治教育应当纳入精神文明创建内容，法治社会公平正义理念与法治思维的形成需要全民参与，遵法守法应通过普遍的法学教育成为全体人民的共同追求和自觉行动。唯有如此，才能实现法治国家各行业的依法治理目标。

另一方面，从全面依法治国所要求的建设一支忠于党、忠于国家、忠于人民、忠于法律的社会主义法治工作队伍来看，以培养司法职业人才为中心的法学教育模式难以适应各高校法学教育的自身发展和法治人才培养的办学特色，也不利于学生自主学习、独立学习及探究精神的培养。教育理念滞后最直接的表现就是培养目标整齐、划一，即不管办学的历史长短、生源的优劣、基础的强弱及教育资源的好坏与否，一律强调高级专门法律人才的培养目标，人云亦云，不考虑办学特色，不考虑市场经济的需要。

事实上，尽管我国法学教育的规模较大，但法学本科毕业生中只有一部分人从事律师、检察官和法官等职业，更多的是到政府部门、企事业单位或其他社会组织等机构就业。特别是司法考试改革前，非法科专业毕业生一旦通过国家统一司法考试，与法科毕业生相比，显然更具复合型人才的优势，更易为用人单位所青睐；而法科毕业生则相对显现出知识和实践能力上的劣势。因此，当前法学教育的人才培养目标如果仅仅强调司法职业人才的培养，无疑难以适应全面推进依法治国时期对社会各行业所需大量法治人才的现实要求。加之传统的法学教育还存在培养方案千篇一律、低水平重复建设现象严重，法学课程体系设置雷同僵化、法学各专业教学大同小异等问题，导致培养的法科学生在毕业后难以满足工作单位的要求，从而引发建设法治国家日益增长的法治人才需求与法学教育发展滞后的现状之间的矛盾，法治人才难以满足法治国家、法治社会和法治政府建设的需求。

（二）传统培养模式的问题共识

有学者认为，当前法学教育存在的问题主要体现为"八个滞后"：法学教育滞后于治国理政、治党治军、内政外交的精英人才总规模要求；法学教育提供的通用人才滞后于基层社会治理法治化的人才总需求；法学教育滞后于善于运用法治思维和法治方式的战略企业家、职业经理人人才的总量需求；法学教育提供的综合人才滞后于具有创新能力的高素质综合性人才的急迫需求；法学教育提供的人才滞后于公职律师、公司律师、社会律师等法律服务的庞大人才总量需求；法学教育提供的专门人才滞后于大数据时代涉外法律人才总需求；法学教育滞后于立法、执法、司法、法学研究、法学教育对综合型、创新型、能力型人才的需求；由学科导向形成的导师专业教学科研能力滞后于对卓越人才培养的高要求。为了更好地了解社会各行业对法治人才培养的具体要求，有关人员在全国范围内展开了问卷调查，根据问卷的统计结果，可以发现法律工作者群体对传统法治人才培养模式存在问题形成的共识如下。

一方面，法学教育改革存在体制壁垒，导致实践中法治人才培养与社会各行业的实际需求脱节。法学教育自20世纪70年代末恢复以来，一直是以培养司法职业人才为目标的。若不重视社会对行业法学人才的迫切需求，仍旧保持现状，法律人才培养会失去重要的目标和机会。如此循环往复，则对法学教育、人才培养以及对法治建设都将构成极大的危害。由于法治人才培养难以适应社会多元化职业需求，导致法学教育的"产出"不能够满足法治国家建设的现实需求。据悉法科毕业生的年平均司法考试合格率设定在大约10%，但司法合格者中却只有半数从事律师、法官、检察官工作；法务低端市场的人才供应严重过剩，但法务高端市场的人才却极其匮乏。不得不承认，法学教育的投入、产出以及需求之间的关系是显著失衡的。在全面依法治国新时期，法治正成为国家治理的基本方略和价值导向，使社会生活的各领域各行业有了基本的价值引领。同时，法学教育也正面临着前所未有的良好发展契机，时代的变革和转型带来了前所未有的挑战和机遇，但现实中的法治人才培养依然面临着巨大压力，即法治人才的基本素养难以符合社会提出的各种要求。因此从法治人才培养的目标，到法治人才的具体培养模式和方式方法等都需要进行重新审视并找到症结，使培养出来的法治人才能够适应社会发展的要求。因此，法学教育的全面改革势在必行。

另一方面，实践教学是法治人才培养的重要环节，培养行业法治人才所需的法律专业技能和行业业务能力过程中应当提高实践教学比例。根据调查结果，大多数法律工作者均认为当前法学本科课程体系设置中实务课程所占比例过低，应当增加实务课程比例，将高校理论资源与法院、检察院、律师事务所、金融机构、公司企业等实务部门的实践资源进行充分整合，围绕提高法治人才培养质量的核心任务不断创新法治人才培养机制。如通过签订合作协议共同制定培养目标，共同设计课程体系，共同开发优质教材，共同组织教学团队，共同建设实践基地，共同完成专业考核，探索形成常态化、规范化的法治人才培养机制，实现学校与实务部门的协同育人目标。

此外，现有法治人才培养特别是区域法治人才培养的数量和质量难以适应国家的重大发展战略，如"一带一路"倡议和粤港澳大湾区发展战略等。区域性法治人才培养不仅要考虑新时代对法治人才培养的新挑战和新要求，还要考虑本区域内的国家战略对法治人才培养的特殊要求。如粤港澳大湾区法治人才就应当具备三地的法律基础知识和职业技能，这是与其他法治人才相比最大的特殊性所在。传统法治人才培养模式导致的同质化培养结果，使现有的法治人才培养模式难以培育出个性化、特色化的人才，难以适应全面依法治国所要求的各领域、各层次、各行业的法治人才需求。因此，应时而需、应势而需，及时更新法治人才培养理念、创新法治人才培养机制，是适应中国特色社会主义新时代对法治人才需求的应有之义。

三、法治人才培养的具体路径

（一）明确法治人才定位

卓越法律人才应当具有学术性、技术性、国际性，可以从以下几个方面对法治人才进行清晰定位。

1. 学术底蕴

卓越法律人才好比一座大厦，没有坚实的理论知识作为根基就不会稳固。通过理论知识的学习，学生可对中国法律现状有一个基本的了解，形成完善的理论知识体系。对理论知识也要做到活学活用，实践问题靠理论知识不能保证会得到很好的处理，但缺乏法学理论知识的武装，处理法律问题时便同普通人凭借内心的"感觉"判断是非一样。法学理论是进行法学实践的基础和前提，没有理论做支撑的实践会遇到很大的阻力，同时也不可能开展深入的实践。

卓越法律人才的培养应首先着手于基础理论知识的学习，以往的理论知识传授模式在这方面存在很大欠缺，教学模式有待改进。这也是中国教育改革面临的严峻问题之一。

2. 将学术转化为技术

卓越法律人才中有一类是应用型、复合型人才，这类人才的培养是为了适应多样化法律职业的要求。目前，中国法律职业的性质要求理论性与技术性相结合，甚至对技术性要求更高。实践是技术的来源，对于法律实务工作者来说同样如此。律师和法官等法律职业工作者都是通过对现实案例的处理获取经验，一个刚入职的律师或者法官不可能做到对案件进行准确的判断，但实践会让他们对案件的本质把握做到更加快速和准确。同时实践与经验之间的转化还需要总结与创新，这也是众多从事多年法治实务工作者之间出现差距的原因，有的人成长为业务骨干，有的人仍默默无闻；有的人在多个相关领域均有建树，有的人却止步不前。目前中国缺少的也正是这种能在多个领域担当重任的应用型、复合型人才；卓越法律人才培养计划所面临的任务之一，是通过改革达到培养更多应用型、复合型人才的目的。

3. 同国际接轨

改革开放 40 多年来，中国经济不断融入全球化进程的同时，法律也逐渐呈现国际化趋势。在处理国际纠纷上，国际型法律人才十分匮乏，也因此给中国带来了很多不必要的损失。卓越法律人才培养计划针对这一日益严重的问题指出明确培养方向：大力培养涉外型法律人才，旨在适应世界利益多极化，培养具有国际视野、通晓国际规则、能够参与国际法律实务和维护国家利益的涉外法律人才。由于这类人才的特殊性，对其培养也应有所侧重，传统的法学教育已经被证明捉襟见肘。因此，这类人才的培养需要具有特色，在语言能力以及专业课学习上有所侧重，在比较法、国际法等课程上引进具有国际水平的教学资源，提供更加广阔的平台等。总之，一系列具体改革需要在卓越人才培养实践中逐步探索与应用。

（二）细化人才培养计划，明确人才培养目标

1. 制订完善的卓越法律人才培养计划

从学院层面制订教育计划，明确教学阶段任务，严控综合能力考核，对有能力完成进阶学习任务的学生实行精英化培养。卓越法律人才培养不可能实现全体卓越，应以人为本，因材施教，在共同完成理论学习的基础上，开展学术型试点班、职业技能强化班、涉外精英班等试点班；进行小班授课，实现师生间、学生间的良好互动，调动师生双方的积极性，教师也有足够的精力引导每一位学生。在实践中这一改革还会面临很多困难，但针对中国法学教育现状，法学教育改革十分紧迫。改革就是要打破传统，打破传统就会有阻力，只要论证可行、方向正确便值得尝试。

2. 实现人才分级培养，分阶段实现人才卓越化

卓越人才培养需要过程，其成长也要经过几个不同的阶段。所谓人才分级培养，强调每一个阶段都要脚踏实地、打好基础。法学本科教育可以细化成几个阶段，每个阶段制定相应的目标。从初级的理论开始，打好理论基础，对理论知识过关学生进行实践教学，对不过关的学生实行延期考核；在实践教学中，学校聘请资深律师、法官、检察官进行案例分析与讲解，学生走出课堂，进入司法机关和法律实务部门真实体验法律职业工作。在体验过程中强化理论，形成学为所用、以用促学的良好循环，为培养综合性人才打好基础。对于部分外语基础好且有志向从事国际法律工作的学生进行语言强化教学，打造国际法学特色班，为国家培养更多的国际型卓越法律人才。

3. 探索新型培养模式

目前中国法学教育实行本科四年制与研究生两年制或者三年制，本科第四年以实习与准备毕业论文为主，形式比较单一。在卓越法律人才培养计划实施之后，这种模式虽然很难迅速转变，但我们应积极探索新型模式进行试点推广。如开展定向培养、高校与用人单位共同培养模式，开展"2+2"国内两年法学本科教育与国外两年法学教育相结合模式等，从探索中寻找改革突破点。

（三）多元主体共建法治人才培养共同体

1. 高校——法治人才培养的第一阵地

习近平总书记在考察中国政法大学时指出"高校作为法治人才培养的第一阵地"，这句话清楚明确地指出了高校是法治人才培养的第一责任主体，在服务全

面依法治国方略方面肩负着重要历史使命。高校法治人才培养要坚持以我为主、兼收并蓄、突出特色，坚持立德树人、德法兼修，深入研究和解决好"为谁教""教什么""教给谁""怎么教"的重大问题。同时，各类人才培养都要按照这一要求，坚持育人为本、德育为先，培养中国特色社会主义事业合格建设者和可靠接班人。教育系统要努力成为遵法、学法、守法、用法的示范领域，各地、各高校要大力推进依法行政和依法治校的意识和能力建设，以法治思维和法治方式深入推进教育领域综合改革。要确保正确的法治理论引领，构建中国特色法学学科体系；抓好法学卓越人才培养工作，加强法学教师队伍建设，深化全面依法治教。

习近平总书记强调，没有正确的法治理论引领，就不可能有正确的法治实践。高校作为法治人才培养的第一阵地，要充分利用学科齐全、人才密集的优势，加强法治及其相关领域基础性问题的研究，对复杂现实进行深入分析、做出科学总结，提炼规律性认识，为完善中国特色社会主义法治体系、建设社会主义法治国家提供理论支撑。

2. 法律实务部门——法治人才培养共同体

"法律的生命不在于逻辑，而在于经验"，美国实用主义法学派代表人物霍姆斯大法官的这句名言深刻地揭示了法律的实践性特征。但是，我国高等学校法学教育与法治实践脱节已经成为法治人才培养中被诟病已久的顽疾。具体表现在两个方面：首先，法治人才培养的"产品"不具备基本的法律职业技能，无法满足法治实践部门的工作需要；其次，则是法学理论与法治实践之间的紧张关系。法律能否成功地从理论迈向实践，取决于法律实践的真实内容是否被纳入了法律教育的框架。法学教育部门与法律职业相对分离，缺乏有效的沟通路径，一定程度上导致了学术法律人与职业法律人之间的分化，弱化了法学教育与法律职业的联系。可见，高等法学院校与法律实务部门的过度分离正是造成上述问题的深层次原因。

2018 年颁布的"卓越法治人才培养计划 2.0"提出了"构建法治人才培养共同体"这一概念，并将完善协同育人机制、打造中国特色法治人才培养共同体作为构建突显时代特征、体现中国特色的法治人才培养体系的 5 年目标。所谓法治人才培养共同体，是指"以高校为核心、法治实务部门深度参与法学教育全过程所形成的优势互补、资源整合、开放共享的法治人才培养工作体系"。以法院、检察院和司法行政机关为主体的法律实务部门在法治人才的培养过程中占据相当重要的地位，要实现高校与法律实务部门在法治人才培养方面的深度融合，很重要的一点是实务部门应当将自己对法治人才在知识、能力和素质方面的需求通过各种方式融入高校的法学教育之中。西南政法大学校长付子堂认为，法律实务部门是法治人才培养的主体之一，是进行法学教育的共同体，而非仅仅提供实践平台。因此，付子堂校长建议在制度设计层面增加实务部门对实践教学的制度支持，如专项财政投入与学校实践经费共同构成对实践教学的保障。甘肃政法大学校长李玉基提出"学校＋法律实务部门＋政府部门"联合培养人才的改革机制，使人才培养模式多样化。

因此，应当强化高等院校法治人才培养的主体责任，以推进中央政法委、教育部批准的"全国卓越法律人才教育培养基地"建设，建设好应用型、复合型法律职业人才培训、涉外法律人才培训以及西部基层法律人才培养等多个平台。要整合好其他各个主体力量，如明确高等院校以外的法治教育研究机构及法治实务部门的培养责任，做好与党校（行政学院）、社科管理部门、各地方法学会、律师协会等社会组织的衔接，引入党委部门、政府部门、法院、检察院、律师事务所和企业等实务部门参与法治人才培养，构建多层次的法治人才师资共建机制和保障机制。强化法治实务部门作为实习单位的重要培养责任，建立法学专业学生担任实习法官、检察官助理和书记员制度，支持高校法学骨干教师和研究人员到政法机关挂职、研修，深度融入司法实践活动。

（四）法学教育与相关教育相融合

习近平总书记指出，法学学科体系建设对于法治人才培养至关重要。我们有我们的历史文化，有我们的体制机制，有我们的国情，我们的国家治理有其他国家不可比拟的特殊性和复杂性，也有我们自己长期积累的经验和优势。在法学学科体系建设上要有底气、有自信，要以我为主、兼收并蓄、突出特色，深入研究和解决好为谁教、教什么、教给谁、怎样教的问题，努力以中国智慧、中国实践为世界法治文明建设做出贡献。对世界上的优秀法治文明成果，要积极吸收借鉴，也要加以甄别，有选择地吸收和转化，不能囫囵吞枣、照搬照抄。

1.法学与交叉学科的融合

法学作为一门人文社会科学，既有人文化的特征，又有社会性特征。这就决定了法学学科与其他学科的相互交融和关联性。政治学、哲学、管理学、社会学、金融学、财政学、经济学等学科都与法学学科存在着不同程度的交叉和联系。在科技高度发展的今天，甚至计算机、信息工程、网络技术等传统的理工类学科都与法学产生了密切联系。因此，法学教育不能不关注其他学科的发展，应当及时借鉴吸收其他学科的研究成果，使学生的知识体系更加丰富和完善。唯有如此，方能适应现代社会对法治人才的要求。但是，目前法学教育总体对此反应较为迟钝，其他学科如经济学、社会学的一些新近研究成果未被恰当地引入法学教育，使得法经济学、法社会学等法学新兴学科的教学停滞不前，学生缺乏对交叉学科知识的运用能力。原中国政法大学校长黄进曾经一针见血地指出，同加快建设社会主义法治国家的新形势、新要求相比，法治人才培养质量和机制还存在一些不足和问题，其中包括社会急需的新兴学科、交叉学科供给不足，法学学科和其他学科交叉融合还不够深入等。

从全面依法治国所要求的高素质行业法治人才培养目标出发，行业法治人才的培养除了符合法治人才培养的一般要求，还应适应各行业具体的职业素养要求。如新闻传媒行业的法治人才，既要有丰富的法律知识和娴熟的法律技能，更要对传媒行业的知识有广泛的了解，特别是对著作权等知识产权相关领域有相当的知识储备。这样才能在问题产生后，由新闻传媒行业的专门法治人才对此提供专业法律服务并进行善后处理，尽早地解决问题。这就要求各高等学校在培养行业法治人才时，应尤其注意法学学科与其他学科之间的整合创新，通过法学学科与其他学科的交叉融合，加快学科之间的资源重组与优化配置。如经济学、金融学、会计学、工商管理、行政管理等，可以与法学学科进行整合式创新，以发展新兴学科和交叉学科、跨学科项目研究、建设特色学科和跨学科教学团队等形式促进行业法治人才培养，以适应社会不同行业对法治人才的不同需求。

不少高校在推动法学与交叉学科的融合方面实现了成功的探索与尝试。例如，东南大学法学院以"学科交叉集成，特色发展"为法学学科发展的主轴，以"法学+"为主要发展思路，重点打造法学与东南大学优势学科——土木工程学科交叉融合的"工程法学"特色交叉学科，并列入学校"985"重点支持项目。东南大学有法学院、土木工程学院、建筑学院、交通学院等院系的学科优势，于2008年在国内率先创建"工程法研究所"交叉学科研究平台，并探索法学教育与人才培养的新模式。江苏省法学会依托东南大学工程法研究所，于2013年批准成立了江苏省法学会工程法学研究会，进一步整合了江苏省内工程法学研究力量，创建了一个集理论研究、交流沟通、联合创新为一体的平台。为响应政府与社会资本合作（PPP）国家战略，东南大学于2015年专门设立了"东南大学PPP法律研究中心"。目前，东南大学工程法学团队围绕"一所、一会、一中心"三大平台，紧扣国内外工程法学研究前沿动态，为国内工程领域的法治发展与实践贡献着自己的力量。因应法学教育教学改革与人才培养模式创新的要求，东南大学法学院与土木工程学院、交通学院建立了长期合作关系，创建了"工程法"跨学科人才培养、教学改革与研究一体化平台。2013 年 9 月，法学院与土木工程学院合作正式设立"工程法特色实验班"（法学本科），进行复合化、应用型法律人才培养。经过多年的不断发展，逐步探索出了一条特色课程建设、特色专业方向建设、特色专业建设的发展道路。

综上所述，高等学校应当按照习近平总书记的要求，有信念、有底气、有担当、有作为，既要培养学生对社会主义法治的信仰，也要立足中国、挖掘历史，关怀世界，注重学术研究的继承性、民族性、原创性、系统性与专业性，尽快培育出具有中国特色与国际视野的法学学科体系，为建设社会主义法治国家提供理论支撑。

2. 法学知识教育与法律职业伦理教育的融合

在很长一段时间里，我国的法律人才培养最为重视的是对学生法律知识和法律技能的培养，这与我国过去长期奉行的"法律工具主义"价值观有着密不可分的联系。既然法律是一种工具，那么掌握和实施法律的人在某种意义上来说无异于技术工人。在这种理念的指导下，高校往往重视法律知识教育，而忽略法律人文主义的教育。这就导致部分法学专业学生只知法律条文，不知法律文化；只知法律规定，不知法律人文精神。我国法治人才培养中，法律信仰和职业精神等方面教育的缺失，导致部分法学专业学生只是将法律学习作为谋生的手段，缺乏应有的法律职业价值追求和社会责任感，导致法治教育造就的不是视法律为生命的正义者，而是法律投机分子。

如果法律仍旧是一项职业的话，必须采取一些手段向学生灌输责任和义务的意识，这是一种职业的精髓。法律职业知识技能和法律职业伦理共同构成完整的法律职业素养，法律人对法律发自内心的信仰才是法律精神的内核。徐显明教授曾经在接受采访时谈到，我国法学教育在职业化方面有两个缺陷，其中一个就是缺乏司法伦理训练。不具有司法伦理的法官、检察官和律师就如同守仓库的盗贼一样危险，司法腐败的存在就与司法人员缺乏职业伦理教育有着极大的关系。然而，一个人的职业伦理并不是通过知识学习而获得的，而是遵循某种路径训练出来的。

我国法学教育实践中，在很大程度上存在着重智育轻德育、重教书轻育人的偏差。法治人才培养必须把立德树人作为教育的根本任务，在不断提高法治人才专业水平的同时，也要培养法治人才高洁的品行和纯朴的情感，始终突显"健全人格教育"的理念。因此，教育不仅要授业解惑——传授专业知识和技能，更要引导法治人才正确认识各种社会现象，明辨是非，正确理解中国的法治建设进程；

要鼓励学生参加社会实践、从事法律援助等社会公益活动,着力培养法治人才的社会责任感和职业伦理意识。

综上所述,开展法学教育尤其要注重法律职业伦理教育,如果缺乏职业道德和职业伦理,法律知识越丰富、法律技能越娴熟,反倒可能对法治建设造成越大的破坏与损害。法治人才需"德才兼备",并且要以德为先,只有具备良好的职业伦理素质,才能更好地发挥自身法学才识作用,为国家、社会和公民提供优质的法律服务。

3. 法学理论教育与法律职业技能教育的融合

中南财经政法大学校长杨灿明曾在全国政法大学"立格联盟"第六届高峰论坛上提出,我国高校法学教育急需由粗放式教育转变为追求质量的提升,同时还要实现由法学专业教育向法律职业教育的转变。中国法学教育是应该走学术型道路还是职业型道路,这一问题曾困扰高等法学教育者多年。造成困扰的一个重要原因就是国家对高校采用学术指挥棒,在学术至上理念的指引下,几乎所有法学院系都将主要精力用于争取硕士点、博士点,进而争取二级学科重点博士点,甚至争取一级学科重点博士点上。这一以学术为中心、以学术为尊的标准试图将所有法学院系的学生都培养成理论基础深厚的学术性人才,事实上,这显然是无法实现的目的。学术型人才无论在哪个领域都只能是少数群体,更何况各行各业对法律人才的需求并非都强调学术水平,学术人才并不能满足各种法律实务工作的需要。

因此,法学教育在学术指挥棒的指引下曾经走过一段弯路。徐显明教授指出,现在大家基本达成了一个共识,那就是法学教育应当向职业化方向发展。职业化趋势是法学理论界和法律实务界共同的期待。

职业化并不意味着忽视法学理论而只重视法律技能和实务,职业化的法学教育是多元的法学教育。一方面,既要有着眼于培养高学历学术型法治人才的研究型法学院校,也要有着眼于培养法律实务人才的应用型法学院校,这样才能满足多种法律职业的需要;另一方面,研究型法学院校培养的理论功底深厚、学术素养高的人才,也可以将此优势发挥到非学术性工作中,更有利于法律实务工作的开展。因此,就高等法学院校而言,首要应当按照自身的优势和特点选准职业化的定位,并在此基础上通过调整课程设置、丰富教学方式等实现法学理论教育与法律职业技能教育的平衡。

（五）改变法学教育过度分裂的现状

1. 减少"二级学科"的开设

所谓二级学科，是指中国研究生教育呈现的拆分式"专业"。法学也拆分成了刑法、民商法、宪法、法制史等十多个"法学二级学科"。由于每个学位点的招生都要获得许可，这种情况不只有增加了高校招生许可难度，也造成了研究生培养的"封闭性"。加之法学研究生并非只有法学本科学生才能考取，未接受法学本科教育的法学研究生，其学习兴趣与论文研究只能限制在所考取的"学位点"范围之内。同时，由于社会对法律从业人员综合能力的要求越来越高，无论是从事律师还是法官、检察官等职务，当事人提出的实际问题都不会仅限制在某一个学科之内。因此高校培养的"专项人才"并不是社会所需要的，背离了法学教育的宗旨。

开设"二级学科"虽然在一定程度上减轻了研究生学习压力，但过多的"二级学科"明显限制了学生综合能力的培养。当下提出的法律卓越人才培养计划明确提出高校加快培养复合型法律人才，因此减少"二级学科"的开设，避免法学教育的过度分裂也许是一个突破点。

2. 严控法学教育文凭的发放

中国的高等院校毕业生有两个文凭：一个是"毕业证书"，另一个是"学位证书"。毕业证书的发放有严格的限制，而学位证书的发放则相对随意。随着高校开展"双学位"教育，越来越多的非法学专业学生进入法学专业进行学习，将法学学位作为第二学位。还存在一部分人仅仅为获取法学学位来"知识化"自身的现象，从一定意义上说他们仅是高校的收入来源，高校不会投入过多师资力量到这类学生身上，因为他们仅仅需要的是文凭而非教育。同时，在中国就业关系网的作用下，有时有文凭和关系便可以占据就业岗位，从而造成对接受专业法学教育人群的不公正对待。

法学是一门关系国家和社会未来的学科，依法治国需要更多的卓越法律人才来推动，学位的泛化会导致其自身贬值。因此必须严控法学教育文凭的发放，重视法学教育，集中教学资源培养更多的卓越法律人才。

（六）教学方式与课程结构的改革

1. 开展精品小班授课，进行互动教学

中国高等教育课堂中最常见的模式是大班教师授课，一名教师面对几十甚至

上百名学生。当然，这其中的主要原因在于高校教师资源有限，全部开展小班授课并非一时可以实现的。目前我们应该改革的是逐步扩大小班授课的规模。相对大班授课而言，精品小班课程更具针对性，教师备课更加符合学生的接受水平，对于课堂交流互动也有一定的帮助。在小班教学环境下，学生注意力更加集中，课堂效率也会相应提高。可以针对部分学生开展一些法学精英班课程教育，设立诸如职业技能培训班、涉外法律强化班以及法律英语班，让基础扎实的学生更加优秀，为卓越人才的培养打好基础。

2. 利用多媒体开展教学

大学教育不同于高中教育，其更具开放性与自主性。法学教育又不同于其他学科教育，一方面，法学教育学科门类多、理论知识繁多，若仅凭借大学四年授课讲解很难完成教学任务。所以目前国内法学教育基本在设定必修课程之外，对一些次级法学科目开展选修课程。但往往被学生忽视的是大学里的自主学习教育资源，尤其是在高校图书馆实行馆际互借、海外数据库引进之后，自主学习的平台更加广阔。另一方面，随着网络技术的发展，授课模式也变得灵活。为节省教学资源，一些理论性知识完全可以通过网上课程传播，将课堂搬到网络上，拉近学生与教师甚至同学科专家之间的距离。充分利用资源自主学习也更符合大学的教学宗旨——提高学生自主学习能力，这也是对卓越法律人才的要求。

3. 增加基础部门法学课时量

此处提到的增加基础部门法学课时量，可以通过网上课程的学习来实现。学校可以自己创建或者推荐统一学习网站，引导学生自主学习并进行学习效果检验。法学自身的知识量决定了其不会是一门可以轻松学习的学科，法学学生应当付出更多的时间进行学习，才有可能掌握充足的法学理论。法学院校应当通过引导学生自主学习，充分利用课下时间完善法学基础知识理论网络，达到卓越法律人才应当具备的理论水平。

4. 改革教学评估机制

改革教学评估机制既要包括对学生学习质量的评估，又要包括对教师教学质量的评估。将学生的学习质量同教师利益挂钩，可以减轻教师的科研负担，鼓励教师将精力投入教学改革。无疑，良好的改革措施必须经过教师的有效推行才能见效，所以在学生的综合评定上应侧重对实践能力的考核，引导学生理论与实践全面发展就显得格外重要。

（七）强化师资力量，推进导师制改革

1. 培养卓越师资是培养卓越法律人才的基础

卓越法律人才计划的实施要有卓越的师资做保证。以往高校聘请教师的标准首先是学历，然后是学术成就，尤其是法学教育中教师的选拔，学术成就必不可少。这样的标准之下选拔出的教师大多具有很高的理论水平。在实施卓越法律人才计划的今天，高校应该考虑聘请实践能力出众的律师、法官、检察官作为客座讲师进入教学环节，将实践知识和技能带入校园。这样既强化教学师资，又起到理论、实践双重教学的作用。

2. 深化导师制度改革

导师制度原来存在于研究生教学环节，如今本科阶段引入导师制，旨在通过导师的督促与引导，达到本科阶段更好的学习效果。由于本科导师制尚在推行当中，一些初步实施院校并未实质性发挥导师制的作用，甚至在确定导师制后学生与导师基本没有联系。本科教师应做好教师与导师双重身份的转变，鼓励学生参加实践创新活动，在实践活动中密切导师同所带领学生的联系，积极给予指导与监督。同时学生可以参与导师的学术研究和实践工作，既减轻导师的负担又能提高学生的综合能力。

（八）加强同国际优秀法学院校合作

1. 开展教师互访互派、学术交流活动

国外优秀法学院校在人才培养上有很多经验值得国内院校借鉴。国内知名院校同国外院校合作越来越密切，如中国在吸纳越来越多留学生的同时，每年出国留学的中国学生也在不断增加；教师出国访学活动也更加频繁，国内知名院校不断引入国外优秀师资以强化国际化教学，国内教师出国访学期间受到国外法学教育思想的影响而产生新的认识，回国后可以更好地应用于教学工作中。总体而言，在提出卓越法律人才培养计划的背景下，加强国际交流是培养涉外卓越法律人才的重要保障。

2. 借鉴国外法律人才培养模式

在德国，法学院学制最少三年半，通常要用四年甚至五六年才可以完成。学习完成后才可以进行第一次政府举行的国家司法考试，合格者获得文凭，凭文凭才可以进行法律实习。北美模式中，法学教育被放在大学本科教育之后，即在研究生层次上进行，提高了法学教育的门槛，在教学质量上也得到相应的保障，因

此法学毕业生在从业后收入也较高。澳大利亚模式中，法学本科教育与其他专业的本科教育同时进行，学生经过六年之久的学习方可取得双学士学位。

中国的法学教育要想取得质的提升，必须提高对法学学生的要求。例如借鉴德国模式，对不符合要求的学生延长学习时间，保证毕业生质量；再如学习北美模式，提高法学准入门槛，辅以其他学科教育，培养综合技能型人才；或借鉴澳大利亚模式，可以允许法学学生选修双学位，但以法学学位优先，必须保证法学学科的学习质量，以辅修学位提高法学技能，打造综合型人才。

（九）实务部门主动参与

法学专业是一门实践性极强的学科，学生的培训目标是更好地为社会法治事业做出贡献。社会中的实务部门如公检法、律师事务所等，都为法治人才的培养提供了许多实习的机会，更好地帮助学生把理论与实践结合起来，掌握更多的实践经验，为学生毕业后的职业发展提供了前提条件。

让实务部门参与到法治实践中来，增加与高校的合作机会，共建法学实践教育基地，这一做法已经在许多高校中展开。西北政法大学就进行了积极的探索和尝试。他们不仅邀请司法实务部门实践经验丰富的专家参与学校的教学，还邀请实务部门的专家参与人才培养方案制定、教材编写和实践课程的设计，让实务部门深度参与实践教学。并且，西北政法大学还定期邀请法院、仲裁委、劳动争议仲裁委员会等机构将庭审现场搬进学校，直接来学校开庭审理各类案件，处理真实的民事争议和纠纷，让学生在校园里即可感受到真实的庭审，学习最真实的技能。学校不仅与陕西省西安市中级人民法院（系统）和西安市人民检察院（系统）共同建有大型综合校外法学实践教育基地，开展以实践教学为核心的多种形式和内容的合作教学活动；还走出本市，在其他地方如甘肃、宁夏、河南、山东、江苏、浙江、广东、海南等省份的公检法机关建有 58 个专业实习基地（实习点），为学生的实习工作提供了诸多机会。

高等院校法学专业与实务部门进行合作是大势所趋，也是社会发展的必然。法学教育应走出校门，寻求合作，利用司法行业优质资源开展合作培养计划。湘潭大学法学院聘请来自国家知识产权局、湖南省高级人民法院等部门的实务精英担任兼职导师，采取校内导师与实务导师全程参与、协同培养的"双导师"制，设置个性化培养计划，培养复合型知识产权专门人才。"双导师"制的协同培养主要体现在：一是专业指导与日常管理的协同，校外实务导师在专业学习、实践环节及论文选题、开题与写作方面提供指导，而校内导师在课堂教学及日常管理方面承担主要职责；二是课堂教学与实践教学的协同，在课堂教学的某些必要阶段，可穿插实务导师的讲座或采用远程同步教学等形式，实际上一些课程是由校内导师与校外实务导师共同完成的（如知识产权诉讼实务、专利撰写与专利代理实务、专利检索与信息利用等课程），使课堂教学的理论与实务得到较好的结合；三是学习、实习、就业指导的协同，通过校内导师与实务导师的协同配合，使学生在学习、实习、就业环节得到较好指导，使其适应社会的能力更强，适应社会的时间更短，较快为社会所接纳。

法律实务部门是法治人才的需求者，也是法治人才培养这条"供应链"的终端，他们最了解什么样的法治人才才是符合社会需要的合格人才。同时，法治人才的质量也与他们密切相关。因此，法律实务部门参与法治人才培养最符合人才培养的基本规律和基本要求。人才培养是百年大计，必须构建高等法学院校与法律实务部门协同培养法治人才的长效机制。因此，明确法律实务部门在法治人才培养中的责任主体地位，充分发挥法律实务部门在法治人才培养中的独特作用与功能，对于全面推进依法治国战略目标的实现将具有极为深远的意义。

此外，还可以从以下几个方面推进实践类课程的实施，做到理论与实践相结合。

（1）法律诊所、法律咨询课程的实质性开展

近几年，国内高校法学院借鉴国外法学教育课程，引入法律诊所与法律咨询课程，这是中国法学实践教育的一次进步。但课程的开设与取得实质性效果之间需要国内教师进行实践性的探索，以理论课的教学模式开展实践课难以实现课程设置的初衷，这也是目前法学实践教育为人所诟病的地方。因此，我们不但要开设此类实践课程，还要探索适合中国法学教育的教学模式，让实践性课程真正达到实践教学的目的。以学生自主研讨为主，专业教师或者资深法官、检察官、律师讲解辅导，将此类实践课程实质化推行。

（2）重视模拟法庭、法庭观摩活动的开展

模拟法庭是借助真实案例进行的法庭辩论模拟活动，也有区域性模拟法庭的各校之间的比赛，这也是除专业实习之外，实践性与理论性法学教育结合最密切的活动之一。法庭观摩主要以观摩真实案例为主，以让学生了解法庭审判程序以及审判过程中人员的职责。这两门课程在高校法学院中已经开展一段时间，主要存在的问题是，模拟法庭参与度低，法庭观摩对次数与质量要求偏低，致使难以达到课程开设的目标。模拟法庭与法庭观摩理应得到足够的重视，给予一定的

教学地位，分配专业老师对模拟法庭进行指导，对法庭观摩效果进行一定方式的考核。

（3）在质与量上保证司法实践效果

徐显明教授肯定法学教育的趋势是职业化，并认为当前的法学教育在职业化方面的缺陷之一是缺乏职业技巧培训。中国法学本科教育阶段的实务机关实践环节，就是针对法学学生毕业后缺乏实践能力而设置的过渡环节。目前国内法学院校将司法实践作为一门必修课程，但并未充分发挥出其应当达到的效果。一方面，在实践质量上，部分高校缺乏统一实习管理制度，学生自主实习，无法做到实习过程监管，仅将实习论文与实习证明作为实习成效参考标准，无法保证实习质量。应考虑将高校同实习单位对接，带队实习工作人员直接反馈给学校负责教师，进行细化管理，随时指导。另一方面，司法实践在时间上应该得到保证，学生只有经过相对较长时间的实习才能深入了解实习单位的环境与程序，发现问题并进行思考。

（4）积极探索新型实践课程

此处同样是强调实践对于法学教育的重要性。虽然目前国内法学教育在实践课程设置上的重视程度已经有所提高，如积极引进国外实践课程形式；但同样需要注意的是，外来的课程形式在中国的开展需要适应与改进。探索新型实践课程就是要在实践中发现存在的"水土不服"问题，结合中国教育的实际情况，创造出更适合中国法学教育的实践课程。

（十）涉外法治人才培养的具体路径

在上文中从不同角度粗略涉及了涉外法治人才培养的途径，在本部分内容中将会全面阐述涉外法治人才培养的具体策略及措施。

1.培养目标和理念

根据中央政法委、教育部实施的《卓越法律人才教育培养计划》，培养涉外法律人才是培养应用型、复合型法律职业人才的突破口。之所以将培养涉外法律人才作为培养应用型、复合型法律职业人才的突破口，是因为在世界多极化、经济全球化深入发展和国家对外开放的背景下，我国迫切需要一批高素质涉外法治人才。随着全面依法治国的不断推进，法学教育人才培养的目标逐渐从"法律人才"向"法治人才"转变，法律工作者不仅要具备扎实的专业基础，而且要有娴熟的法律执业技能和法治实践能力。因此，涉外法治人才既需要具备一般法治人才的基本职业素养和能力，又需要具有良好的外语沟通和应用能力，能够处理国际法律实务纠纷、提供国际法律服务和维护国家利益。概而言之，涉外人才培养应秉承"中国立场、国际视野"的培养理念，以先进的教学方式培养一批能适应经济全球化发展需要、法律职业技能和基础理论全面发展、具备扎实基础理论和丰富实践能力、能够参与国际法律事务和维护国家利益，并突显卓越创新能力的高素质卓越法治人才。

第一，涉外法治人才应自觉坚持中国立场，具有扎根中国、融通中外、立足时代、面向未来的基本素质，主动将个人理想融入国家和民族的法治事业中去。因此，在涉外法治人才的培养过程中，应坚持以中国立场为主线，通过多学科交叉、涉外法律模块的课程设置、海内外合作培养、涉外法律实践能力的养成等综合培养方法，使人才培养达到以下基本标准：自觉并坚定地坚持社会主义法治理念，拥有深厚的职业意识、高尚的职业伦理，拥有为社会主义法治国家建设服务的责任感和使命感。

第二，涉外法治人才应拥有世界视野，通晓国际法律规则，能够参与和处理国际法律事务。"重要的一点是要让学生认清目前面临的国内外形势。只有在认清形势基础上，他们才可能去树立卓越的目标。"涉外法治人才较之其他法治人才，将面临更多来自世界各地的高水平国际法治人才的竞争，所以特别强调按照国际通行的学术规范、专业规范、教学核心内容来提升学生的实践能力，使学生有信心、有实力参与国际竞争，在国内各理论研究和实务操作部门以及国际组织机构的相关岗位上为促进中国发展、国际治理做出有益的贡献。在法律专业技能上，应达到以下标准：精通外语与外国文化；善于与国际友人就相关法律事务进行沟通合作；熟练掌握中国涉外法律法规及中国法治理念；精通各主要发达国家经贸投资相关法律法规和案例；具备良好的涉外法律专业知识、外语应用能力及法治实践技能。

第三，涉外法治人才应具备较强的法治实践能力。因此，在涉外法治人才培养课程模块的设计和实施过程中应特别注重运用经典研读、专题论辩、信息处理训练、论文写作、模拟法庭、专业竞赛、法律机构实习等多元教学方式，以中国所面临的国际法前沿问题或者国际社会的热点事件为素材，以教师指导与学生直接参与并自主研发解决方案为过程，甚至直接为外交部、商务部、党政军部门提出对策建议，由此培养学生形成知识、理论、文字、技术、制度、政策、社会实效融会贯通的应用型、复合型能力结构。

第四，涉外法治人才应拥有较强的外语运用和沟通能力。在涉外法治人才培养的过程中，应实施双语教学以及全程强化英语听、说、读、写能力的培训。通过训练，使学生能熟练地运用一门外语阅读外文专业资料并准确透彻地理解其内容，能用外文起草、书写和翻译法律文本，并能流畅地进行口语上的交流和翻译；能运用所学的知识和技能胜任各种高层次的涉外法律工作，具备运用国际法律有效维护国家权益、处理和裁判涉外法律案件、提供优质涉外法律服务的基本专业能力，以更好地维护国家利益。

2. 主要模式及分析

模式一：中国政法大学涉外法律人才培养模式实验班

2012年，教育部批准中国政法大学成为全国首批涉外法律人才教育培养基地。2013年，中国政法大学决定开办涉外法律人才培养模式实验班。该实验班的培养目标是：培养厚基础、宽口径、高素质、强能力的国际化法律英才。通过特色鲜明的课程设置与人才培养模式，经过4年左右的系统学习，本专业毕业生应当具有扎实的法律理论基础、突出的外语能力，既通晓我国法律（尤其是涉外法律），又通晓国际法律规则，并具备良好的国际交往能力与过硬的文化与心理素质，成为能够适应经济全球化的具备国际视野与国际竞争力的新世纪法律人才。学生通过学习应掌握法学的基本理论和基础知识，具备涉外法律工作的专业知识和技能；能够熟练使用所学法律知识解决涉外法律实务问题；具有较强的分析问题和解决问题的能力；熟练掌握一门外语，具有较好的外语沟通能力和跨文化交流能力；拥有诚实守信的职业道德和健康的身心。在培养涉外法律人才的实务处理能力方面，主要的创新机制有：一是强化外语课程和双语教学课程；二是强化国际化学习，支持符合条件的学生赴国外院校访问游学，参与国际学科竞赛，赴国际机构、国际组织以及涉外机构进行专业实习等；三是积极参与社会实践。法学院将学生的社会实践分别安排在第2学期期末和第4学期期末，各为期2周。学生应充分利用暑期进入国际组织分支机构、跨国公司以及涉外法律部门进行社会实践，了解社会、掌握社会调查方法、开阔视野，并分别撰写社会实践报告。专业实习共10周，安排在第7学期，学生应利用专业实习机会充分了解法律职业并进行法律实务实践，撰写实习报告。学生在毕业后的就业方向主要有：国际组织、国际司法机关、外国和涉外律师事务所、跨国公司、国内司法机关、政府机关以及其他涉外机构。

模式二：西南政法大学涉外法律人才实验班

西南政法大学"涉外法律人才实验班"是国际法学院人才分类培养的重要改革举措，属于西南政法大学"涉外法律人才培养基地"建设计划的重要组成部分。"涉外法律人才实验班"的培养目标是，培养一批具有国际视野、通晓国际规则并能够参与国际法律事务和维护国家利益的涉外法律人才。实验班学生系通过学院选拔产生。从研究生入学阶段选拔 10 人左右，实行"3+2+1"模式：3 个学期学习专业知识，课程教学以案例为主、实务操作为辅，除涉外法务专业知识外，紧密结合实践教学环节，开展以培养涉外法务素质为目标的法律谈判、辩论和其他法律技能竞赛活动；2 个学期实习，包括在涉外法务部门实习或海外短期学习（3 个月内）；1 个学期进行毕业论文（WTO 案例及涉外法务领域）写作及职业选择。在具体培养制度方面实行多导师制，充分利用与实务部门之间的合作平台，采取校内导师与实务专家共同培养的制度；利用与海外合作关系，采取校内导师与海外老师共同指导的制度，通过各种远程和面授等相结合的授课方式进行指导。实行双语培养，双语使用覆盖 1/4 课程，以 WTO 案例和其他涉外案例为主，每学期聘请至少 1 名外教从事专业法律课程的教学。举办法律英语类的活动，通过组织法律英文辩论赛、法律英语文书写作赛等多种形式的竞赛，培养学生的专业英语应用能力。推行实践教学，切实加大实践教学比重，加强国内法学院校与海外高水平法学院校的交流与合作，积极推进双方的教师互派、学生互换、学分互认和学位互授、联授制度。实行订单式培养，争取国际型企业和涉外律所参与其中，针对特定单位进行委托式的人才培养。在协同育人方面，西南政法大学涉外法律人才教育培养基地协同商务部条法司、外交部条法司和中国法学会外联部等实务部门，协同美国、英国以及东盟等国家的高校构建人才培养协同创新体，探索涉外法律人才培养的新机制和新模式，培养学生形成以法律解决国家和企业在世界多极化、经济全球化深入发展和国家对外开放中面临的问题的国际竞争力，为加快国家实施自由贸易区战略、参与全球和区域经济治理特别是"中国－东盟自由贸易区"建设提供强有力的法治人才支持。

模式三：华东政法大学"开放型国际法律人才创新实验区"

根据《教育部 中央政法委员会关于实施卓越法律人才教育培养计划的若干意见》精神，华东政法大学自 2016 年起开展法学专业（沪港交流涉外卓越法律人才实验班）的招生。早在 2005 年，该校国际法学院与香港城市大学合作开展法学本科项目，是华东政法大学对外交流和学生教育的最新尝试，也是该校与境外大学强强联手培养高素质涉外法律专门人才的创新模式。该项目以教育国际化发展为指向，通过境内外培养阶段的有机结合，培养了一批具有不同文化背景、极具国际意识和国际竞争力的优秀人才，受到了良好的社会评价。2016 年，华东政法大学在该本科合作项目的基础上探索涉外卓越法律人才培养模式，旨在培养具有宽广国际视野，系统并扎实掌握国内外法学各学科的基本理论、基本知识，具有创新精神和实践应用能力，具有扎实的涉外法律实务应用技能，通晓国际规则、从事国际法律事务并能捍卫国家利益的涉外法律专业卓越人才，特别是培养在国内各类外资机构及在境外机构中从事国际经济、国际贸易、国际金融、国际航运等方面的高素质法治人才。该实验班的学制实行本科四年制，其中7个学期在华东政法大学学习，1个学期在香港城市大学学习。毕业后获得华东政法大学颁发的本科学历证书、法学学士学位证书及香港城市大学的英美法证书。主要培养特色有：①英美法主干课程由外籍教师主讲；②部分法律主干课程采用全英语和双语方式讲授；③1个学期在香港学习；④学习成绩优良者，可优先攻读香港城市大学法学硕士研究生；⑤学院优先推荐攻读海外名校；⑥优秀学生可获香港城市大学奖学金；⑦赴港学习前英文水平应达到雅思6.5分或托福100分以上；⑧须选学掌握第二外语，法语和德语优先；⑨优先入选海外实训项目。该实验班的课程设置主要有：普通教育课类，包括马克思主义哲学原理、当代世界经济与政治、汉语与写作、大学英语、计算机应用基础等11门课程；专业课类，包括法理学、民法学、刑法学、诉讼法学、经济法学、公司法学、国际公法学、国际私法学、国际经济法学等21门课程，其中部分课程采取双语或全英语教学方式；专业方向类课，包括国际商法学、国际投资法学、国际金融法学、国际商事仲裁法学等8门课程。此外，香港城市大学授课内容为英美合同法、英美侵权法等4门课程（英语授课）；海外实训课程主要为学生提供海外实训机会。学生毕业后的就业方向为：跨国公司、三资企业、金融证券机构，商务部、外交部及公检法等国家机关，外资及中资律师事务所、会计师事务所等社会中介机构、企事业单位涉外法律事务部门等。

　　3. 完善涉外法治人才培养机制的思考

　　（1）各校涉外法治人才培养的创新措施

　　第一，以国际化视野培养涉外法治人才。在作为涉外法治人才培养基地的各高等学校，以国际化视野培养学生广阔的国际视野和世界眼光是各校人才培养的共同理念。在经济全球化背景下，各校都以国际化发展战略实施为契机，将提高法治人才培养的国际化水平作为重要抓手。遵照具备国际化视野的涉外法治人才培养理念，各校把高端国际合作转化为人才培养特色，充分利用国际优质教育资源提高人才培养质量，积极探索创新涉外法治人才培养机制，探索课程、项目、专业建设的国际合作与双学位联合培养等多种国际合作与交流模式。同时，引进优质国际化教学资源，拓展法治人才的国际视野，全面提升学生国际交流水平和参与国际法律事务的能力。例如，中国政法大学为提高学生国际化学习水平，解决缺乏专业外籍教师的问题，学校开设了暑期国际小学期，通过各种方式加大学校国际化课程的建设力度。国际化要求指通过国际交流与合作，着力培养涉外法治人才的国际视野、世界眼光、国际交往能力和国际竞争力，如此方能不断提升大学的人才培养和科学研究在国际上的影响力和话语权。在涉外法治人才培养中强调国际化发展战略，是要通过国际化来提升教学水平，创新人才培养机制，提高人才培养质量，在国际竞争中求生存、求发展、求贡献。

第二，"互联网+"思维在教学过程中得到普遍运用。运用新媒体、新技术开展法学教育，推动法学教学的传统优势同信息技术高度融合，有助于增强法学教育的时代性和实践性，提升人才培养质量。尤其在涉外法治人才培养的过程中，利用互联网的优势开展国际合作与交流，是提升涉外法治人才培养质量的重要途径。因此，各校在培养涉外法治人才的过程中，非常注重"互联网+"的教育教学理念，在教学过程中充分利用现代信息技术和社交媒体，探索并推广利用信息技术的多样化教学模式和教学方法。如推动小班教学，鼓励教师采用参与式、讨论式、交互式教学方法；推广案例教学法，强调参与体验，培养自主学习能力和创造能力，极大地提升了学生对国际法律事务的分析处理技能。如中国政法大学在运用"互联网+"思维进行教学过程中，突破既有学制、学时、学分等制度性限制，增强学生在学业修读过程中的主动性与能动性，探索建立了开放、多维、高效的学生自主学习新模式，开创和完善了"虚拟第三学期"课程运行平台。该平台成为学校现有的课堂教学课程体系的补充与延伸，是集网络课程、学分修读、辅学资源、师生互动等多功能于一体的运行模式与平台系统，为国内首创，对于法治人才培养方式方法的创新具有典型的示范价值和推广意义。

第三，与国外高校开展联合办学成为涉外法治人才培养的重要方式。开展国际联合办学是各高校开展国际合作育人的又一有效途径，通过与国外高校在人才培养目标、课程体系设计、教学团队等方面进行合作，有助于加强国际化课程建设，将法律学习和外语能力的培养结合起来，提高涉外法治人才的英语运用能力，进而提升我国在国际事务中的话语权。拓展学生的国际交流合作途径，建立各种有效机制保障学生的国际交流项目顺利实施。各涉外法治人才培养基地逐步加大与世界知名高校之间的交流与合作力度，开展多个学校之间的常规学生交流项目，拓展学生到国外学习和进修的平台，并通过学生项目交流带动其他领域的深入合作。

第四，非常注重法律英语课程教学，以提升学生的法律英语运用能力。各校在开展涉外法治人才的培养过程中，始终强调从国际化人才培养内涵出发，不断推进外语教学改革。如在开设法律英语课程群方面就包括了一系列课程：法律英语视听说、法律英语阅读、法律英语写作、法律英语翻译及涉外法务谈判、涉外律师实务、审判实务与庭辩技巧、涉外诉辩文书应用、WTO法律制度与中国、双语模拟法庭等实务性课程，也包括到涉外业务的律所及涉外企业进行社会和专业实习。创新法律英语课程体系、提供涉外法律事务的实习机会，这就极大地提升了学生运用法律英语处理涉外法律事务的能力，有助于学生毕业后从事与国际法律事务相关的工作。

（2）创新涉外法治人才培养机制之思考

第一，各涉外法治人才培养基地应进一步结合本校的办学特色和自身情况，走差异化、特色化、内涵式高素质涉外法治人才培养之路。各校应在依托教育部"卓越法律人才教育培养计划"的基础上，以提高人才培养质量为动力，优化培养方案、改进教学方法、强化实践教学，倡导鼓励法律实务部门广泛参与，在涉外法律事务的不同领域打造不同的特色化人才培养模式，从而形成各具特色的涉外卓越法治人才培养模式。例如，对外经济贸易大学法学院在其办学特色和人才培养目标方面就鲜明提出："中国在国际经贸舞台上的崛起，激发了对涉外经贸法律精英的迫切需求。面对这一历史使命，作为引领我国国际经济法学科建设的翘楚之一，对外经济贸易大学法学院在人才培养上理应担当重责。"这就表明，对外经济贸易大学作为涉外法治人才培养的重镇，主要致力于对外经贸法治人才的培养。

第二，在涉外法治人才培养过程中应树立跨专业、跨学科、跨地域培养人才的理念。学科是学术系统化分类的结果，是相对独立的知识体系，在某种意义上可以说，学科是表达学术、分类培养学生的载体。而国际法律事务的处理和解决常常需要从多学科角度去研究、分析和解决。因此，涉外法治人才培养应打破常规思维定式，跨越传统的学科专业界限，运用跨学科方法，培养学生形成跨学科知识结构、跨学科思维能力、跨学科的综合素质，形成涉外法治人才全面的知识系统和良好的综合素质，以适应涉外法律事务处理的需要。

第三，涉外法治人才培养既要侧重法律英语应用能力的培养，又应加强通识教育。通识教育与专业教育并重既是对狭隘的专业教育思想的矫正，也是高等教育自身发展的规律和涉外法治人才应具备的综合素养的基本内容。通识教育的目的是，把受教育者作为一个具有主体性的、完整的人而施以全面的教育，其核心在于培养学生的人文情怀、科学理性、健全人格和社会责任感。针对目前大学缺乏对学生开展有效的社会责任感、健全人格、创新精神培养的现状，涉外法治人才培养更应强调通识教育。这将有助于促进学生养成家国情怀，更好地为国家服务，在涉外事务的处理中维护国家利益。

第四，在与国外高校开展合作办学的同时，应进一步加强涉外政府部门、涉外企业、涉外律所和行业机构等组织之间的交流合作。邀请有涉外实务经验的律师及其他相关人员到高校任教或举办讲座，由相关机构的一线工作者和专门从业者分享行业经验。另外，相关涉外部门也应积极向高校学生提供实习机会和实践平台，为学生提供更多的国际交流机会。如鼓励学生积极到国际组织、国际机构和涉外机构实习，鼓励学生到联合国各机构、各国际法院、国际仲裁机构实习。同时还要推进各种联合学位培养、短期交流交换、国际圆桌会议、暑期国际游学等活动，并积极推进双方的教师互派、学生互换、学分互认和学位互授、联授。通过中外合作办学，积极利用海外优质法学教育资源，探索形成灵活多样、优势互补的涉外卓越法治人才培养机制，努力为学生具备跨文化沟通能力和交往能力提供条件，使其毕业后能尽快适应相关工作，进行涉外法律事务的分析和处理工作，成为具备良好实践技能的高素质涉外法治人才。

第六章　法学教育教学质量定位及保障措施

本章内容为法学教育教学质量定位及保障措施，分别从法学教育教学的质量定位、法学教育教学质量的保障措施两方面展开深入论述。

第一节　法学教育教学的质量定位

国际科技文化发展、中国的改革开放和社会主义建设事业需要什么样的人才，我们的法学教育就应当造就什么样的人才。法学教育要培养建设社会主义法治国家的高级法律人才，因而既是通识教育，也是专业教育。从人才培养质量的方向上看，我们认为被培养者的知识和能力结构应当如下所述。

一、通识教育的内容

通识教育保证人才培养的基本质量。法学教育（本科）是高等教育的一个组成部分，必须符合基础教育特性与质量要求。所以法学教育应当涵盖高等教育人才培养的共性内容，也就是学生作为一个接受过高等教育的人，作为一个大学生所应当具有的知识和素质。高等教育培养的首先是一个"人"，因此要着重基础知识、基本理论、基本技能（"三基"）方面的培养和训练，在教育过程中要进一步培养其社会生存和生活的基本知识和基本技能，要进一步辅助其树立正确的世界观、人生观。同时应当全面提高人才培养的质量，也就是满足人文素质和创新精神、主动性和个性创造方面的要求。

从人才培养质量的内容上看，我们要求被培养者符合如下两个方面的要求。

（一）基本知识的传授

基本知识包括学生成长所必需的思想道德知识、外语知识、自然科学和人文社会科学的基本知识等。其中应当特别注重培养学生在人文学科的基本领域，如文学、史学、哲学、音乐、美术等方面的基本知识、基本能力、基本倾向。这些知识在传授给学生之后还要逐步通过感染、熏陶，使之成为学生素质和能力的一部分。

（二）基本能力的培养

要求被培养者具有以下三个方面的能力。

1. 竞争与合作的能力

21世纪是一个充满着竞争的时代，安于现状、不求进取、抱残守缺、画地为牢将丧失机会、难以发展。所以，我们的高等教育应当使学生积极地积累知识、锻炼能力、培养精神，使自己融于竞争的时代。与此同时，社会生活要求个体在发挥各自作用的基础上进行充分的协作。实践证明，孤立的自我发展、个人英雄主义对个人的发展、对社会的进步都没有积极意义。在高等教育中，培养学生的集体主义情感和团队合作精神是十分重要的。

2. 踏实精神与创新品格

法学教育作为社会科学的一个组成部分，要求学生首先有足够的知识积累。依靠聪明和天资是远远不够的，只有踏踏实实地了解规则并理解规则背后的原理，才能够正确运用规则。与此同时，法学教育虽然并不像自然科学那样要求在知识上、思考方法和认知水平上具有超越前人的新发展，但仍然鼓励有新的视角、新的思维方式、新的理念和范式。因此，我们的法学教育应该跳出概念、特征、分类、比较的传统方式，通过新的技术、新的方法教育法科学生脱离旧的框架，锻炼创新的能力。

3. 适应环境的能力

学生通过高等教育即将步入工作岗位，成为社会的一员。在这一过程中，学生要面临一个很大的转折，经历很大的环境变化。高等教育是学生生活与社会生活的中介，是一个十分重要的环节。在这一环节中，我们的教育应当使学生了解社会、认识社会、适应社会。只有这样才能健康地生存和发展，才能将受到的教育转化为工作的动力基础，才能推动社会的发展与进步。正如《中国教育改革发展纲要》中指出的：要"进一步转变教育思想，改革教学内容和教学方法，克服学校教育不同程度存在的脱离经济建设和社会发展需要的现象。要按照现代科学技术文化发展的新成果和社会主义现代化建设的实际需要，更新教学内容，调整课程结构。加强基本知识、基础理论和基本技能的培养和训练，重视培养学生分析问题和解决问题的能力，注意发现和培养有特长的学生。……高等教育要进一步改变专业设置偏窄的状况，拓宽专业业务范围，加强实践环节的教学和训练，发展同社会实际工作部门的合作培养，促进教学、科研、生产三结合"。所以，在高等教育过程中，应当树立让学生接触社会的思想，给学生创造深入社会生活的机会，逐渐培养学生的适应能力。

二、专业教育的内容

法学教育不仅仅是高等教育的一部分，不仅仅要体现高等教育的共性内容，更要体现法学的专业特色，所以人才培养的专业化也是十分关键的一部分。法学教育的职业教育特性与质量要求，也就是体现法学教育特性的人才培养包括以下两个方面的素质。

（一）业务素质

法学教育是一种专业教育，因此，对法学人才有独特的业务素质要求。这种素质主要通过职业教育与技术培训而逐渐培养起来。我们认为，对于法学专业的人才而言，培养业务素质应当注重两个方面：一是基础扎实，二是能力过硬。

所谓基础扎实，就是将法律的精神实质融入整个人的思想中去，将法律的基本原则、基本价值和基本方法牢牢掌握；所谓能力过硬，就是在学习、工作、生活中具有较强的适应社会、发展自我、处理问题的能力。因此，我们可以这样理解，对学生而言，记住法律规则、理解一般的法律现象当然是重要的基本功，但是规则在不断地变化，要求学生死记硬背很可能取得不良的效果：在学生学习的过程中，可能因为感到枯燥而失去兴趣，变成了为考试而学习；在学生毕业的时候，所记忆的东西大多忘记了甚至一无所剩；即使有些记住了，也可能由于法律的修改而变成法律史资料；即使法律规则没有改变，也可能在工作中因为派不上用场，或者因为法规随手可得而显得意义不大。基于这一认识，我们提倡尽量避免传统教学过程中的套路，如从概念开始，进而阐述特征、分类、发展历史，与其他相关概念、规则、制度的联系与区别以及作用等。这些诚然也是教学的重要组成部分，但是如果一成不变地使用容易使思维僵化，不利于受教育者整体素质的提高。所以应当通过符合本学科特点的教育教学体系将教学的重点放到法的精神的灌输和能力的培养上。法的精神，也就是民主的精神、法治的精神，应当通过每一个规则的文本解释和背景解释分析法的内涵、法的国家力量与私人利益相结合的源泉。

对于学生学术和实践能力的培养，具体包括三个方面。

①思维能力，也就是清晰、准确地把握事实，妥当合理地对现象进行分析和

评判的能力。这种能力是解决问题的前提，而学习法律的学生尤其需要敏锐的思维能力。具体而言，思维能力还可以划分为事实思维，从纷繁复杂的事实中理出关系脉络，比如从一个环节众多的案情中整理出哪些属于关键问题；规则思维，通过所掌握的材料和有关基础知识对法律规则本身进行合情、合理的解释，主要是从文本分析入手分析规则、理解规则；价值思维，通过建立起自己的价值系统评判规则、指引规则；宏观理论思维，对于法这种社会现象经历从感性到情怀、从情怀到理性的认识飞跃，在这方面需要培养学生使用形式逻辑思维和辩证逻辑思维方法。

②表达能力，也就是将思想付诸外在的方式。具体分为两个方面：书面表达和口头表达。在书面表达方面，学生所表达的东西在内容上要求语言准确、文笔流畅，在形式上要求整洁、美观；在口头表达方面，要求学生能够镇定、自然地表述事实和观点，对法科学生来说，尤其需要清晰、准确、流畅、果断。虽然高等教育不是礼仪学校，不是训练人的言行的场所，但现实是我们的学生缺乏这方面的教育。如果不刻意对学生的这方面能力加以训练，学生走入社会之后要经过很长时间的适应和锻炼，对学生在工作中的发展和成长会产生负面影响。所以需要在课堂教育中有意识地对学生的表达能力进行培养，一方面靠教师的言传身教，另一方面也要给学生表达的机会。

③寻找材料和线索的能力。无论是法律实务还是法学研究，都有大量的寻找材料和线索的工作。这是一种重要的行为能力。在西方很多国家都有寻找法律文件、寻找判例或者寻找学者学说的训练课程，我国很多学者也认识到了这方面能力的重要性。这是学生走出校门、投入工作的必备能力。

基于这样的指导思想，我们认为，在整个教学质量评估的过程中都应当注重考察法学专业教学过程中对学生基础知识的传授和上述三方面能力的培养。

（二）职业道德

我们所培养的人才最终必将走向社会，成为国家建设和发展的一部分。因此，在高等学校的教育过程中，有必要使学生树立起职业观念和职业意识，拥有从事该职业的人员应当具备的职业道德。

中国的法学教育所培养的人才，将来是中国法治建设的重要组成部分，是中国实现依法治国、建设社会主义法治国家的栋梁和希望，他们的职业道德观念将直接影响到国家民主、法治建设的进程。所以在高等学校的法学教育中，教师应当切实树立职业意识，采取适当的方式使学生逐渐具有高级法律人才所必需的职业道德修养。

第二节　法学教育教学质量的保障措施

一、法学教育质量保障体系之困境

（一）法学教育质量建设制度设计乏力，教学模式落后

现在高校法学专业的教学特点，一般都是以灌输式理论教学为主，学生在校四年基本上都是为了应付国家统一法律职业资格考试。为此学生在学习中需要记忆和背诵大量的法律文件，造成学生记忆任务过于繁重。并且，不少高校在法学教育上对于法学职业教育的目标定位不明确，忽视了法学教育是应用型的本科教育，在课堂上教授了许多学者们的各种理论和观点。而学生今后走向实践的法学岗位后，因为学生在学校只是单纯地背诵了相关的法律法规，缺乏对法学知识的理解与灵活应用，很难建立起相关法律知识之间的联系和框架，很有可能造成培养的人才在实际的岗位中缺乏竞争力与实践能力不足的状况，即造成培养的法学人才有专业技能却没有能力、具有专业知识却无法就业的状况。

（二）法学教学与其他院系学科间配合默契度低

法学类的专业是应用型本科专业，学生今后要从事法律行业，单一地学习法律知识是远远不够的。现在各个行业都有专门的体系在运作，而当出现纷争寻找法律帮助时，必然要求法律专业人士精通该行业的知识，可以更好地为他们提供法律服务。而现在高校培养法律专业人才都是固定的法律知识领域的培养，即使是综合类型的院校也没有为学生提供跨专业的课程。这些并不属于成功法律专业人才的培养。

（三）学生提高法学实践应用能力积极性不高

法学专业的应用性特征要求法学人才具备较强的专业能力和较高的理论水平。除此之外，还需具备较高的职业素养和处理法律实务的专业能力。由于当前我国还没有设立专门性、社会性法律职业技能训练机构，依靠高校的期末实训课与短期的大四期末实习，很难提高学生的专业能力。鉴于此，就需要高校设立明确的职业能力培养目标和训练机制，并且需要高校法学教师具备双师型人才素质，

能将理论与实践充分运用于教学当中。

综上所述，法学教育质量保障体系的困境不利于高校法学人才的培养。因此，需要采取相关的措施重新构建法学院校教育质量保障体系。

二、法学院校的法学教育质量保障机制

（一）完善考试制度

一般而言，学生的考核成绩分为平时成绩和期末成绩两个部分，但是在具体的比例要求上各国却各不相同。国内的高校以期末成绩为主，而国外的高校则是平均分配，略微侧重于平时成绩。

国内学生的成绩一般由出勤率、作业成绩和期末考试成绩几个部分决定。国外大学采用分别累计的计分方式，采用多元化的评定方式，增加了事例分析和课堂讨论的部分，根据课程要求计算考试成绩。

1. 我国高校考试制度的不足之处

一是考试形式单一，考试内容僵化。国内大部分高校采用开卷和闭卷两种考试方式，但基本形式都是一张试卷、一支笔，形式单一且多年没有改变。在考试内容方面，偏重书本知识的机械记忆和理解，考试内容基本上都是教科书上有的，教师讲过的知识点，有的可能会重复多年、反复考查。在考试之前，老师一般都会划出考试范围，学生要做的就是把这些重点内容记下来，从而可以通过考试。

二是考试时间安排不合理。当下我国学校的课程测试时间一般都安排在学期末，评判学生也主要看考试分数的高低，在平常学习生活中所完成的考核不多；即使有，在总成绩中所占的比例也不是很大，依然采用传统评价方式。在期末的考试复习中，学生复习的压力一般比较大，短期内大量学习知识。这样的方式并不能够使学生真正掌握知识，学生在考完后很快就会忘记，无法在日后的工作中给予学生真正的帮助。

三是学生创新能力无法得到锻炼。目前高校的考试命题和评价标准侧重于书本知识，致使学生不仅学不到真正的知识，而且思想受到束缚，创新思维被抑制。同时老师在批改试卷的时候也主要依据书本知识进行打分，学生写的内容越接近书本，成绩越高。而学生的创新点和闪光点却容易被老师忽略，一些平时认真学习的学生的成绩反而比不上考试前"临时抱佛脚"的学生，在带来不公平的同时打击了学生的学习积极性。

2. 完善我国考试制度的策略

首先要改革考试的方式和内容，让考试形式更加趋于多样化，全面考查学生的综合水平，挖掘学生的创新潜力，提升学生的思维能力，考查学生利用理论知识解决实际问题的能力。考试内容要更加贴合实际，与社会热点问题相衔接，多采用案例分析的形式加深学生对知识的理解，使学生做到学以致用，而非仅仅局限于书本知识的硬性记忆。

其次是探索设立科学的综合评价体系。传统的评价体系已经脱离了社会的实际需要，无法真实客观地反映学生的实际水平，单一的评价体系使得学生只懂得死记硬背一些固定的知识，却无法灵活运用。所以在考试改革中要借鉴英国、美国等国的理念，采用多元化的评价体系，对学生的能力做出综合评价。在考试内容中增加实践内容的比例，对学生的创新意识予以肯定，培养学生独立思考的能力，从而促进学生的全面发展。

（二）健全学生评价制度

学生评价制度是对学生的学业成绩、思想素质和价值观等方面的发展情况进行评价的过程，既包括教师对学生的评价，也包括学生对自己的评价。作为高等素质教育的重要组成部分，学生评价制度逐渐受到社会的关注。学生评价制度不仅可以满足社会对人才培养的需求，而且有助于学生自身的多样化发展。

1. 传统学生评价制度之不足

学生评价制度本身就是用于检验学生在学校的实际发展情况，评价结果供学校及时调整教学方式。评价制度是随着社会的变化而不断变化的，学校培养的人才最终是要工作的，如果只是一味地墨守成规，就会阻碍学生的健康发展。传统的评价制度形式单一，只看重学生的理论成绩，对于实践的重要性则没有体现，导致高校的发展日趋僵化。而且单纯考查理论的形式只能反映出学生的记忆能力，无法真正帮助学生学到实际有用的知识，甚至会对学生的发展产生负面影响。一是导致评价结果"含金量"下降，得不到社会的认可。二是忽视实践技能的评价。理论和实践是衡量大学生学业质量的基本考评指标，理论最终还是要用于实践的，社会需要的人才要同时具备理论基础和实践能力。理论基础来源于学校的教育和日常的学习，实践能力来自工作经验的积累。如果只重视其中之一，就会造成畸形发展的情况，对未来的工作产生负面的影响。忽视实践评价的后果就是学生在毕业后难以快速融入社会工作中，学生的实践能力没有得到合理的提高。

2. 美国经验

美国高等教育在理念和实践上对其他国家的高等教育发展与变革有着广泛而深刻的影响，其高校学生评价制度在理念、形式、技术、管理等诸多方面都有独到之处，对完善我国高校学生评价制度、提升高等教育质量具有重要借鉴意义。

"美国全国学生参与普查"通过分层随机抽样的方法对本科院校大一至大四学生在深层次学习过程中师生互动、同辈交流、学业挑战等方面的时间、精力等因素投入的对比分析，间接地反映大学生在求学期间的学习成果和外部学习环境的支持度，以此来检验学生学业发展和教育质量。

"大学生学习评价"以结构型作答测验为主要方式，通过模拟现实问题，让学生以短文写作的形式来展现其批判思维、分析推理、问题解决、写作交流四类核心素质。

3. 我国学生评价制度之完善

一是积极研究和探索灵活多样的评价方法。首先要做到评价主体的多元化。引入除政府和高校外的第三方评价，逐步形成政府、高校、社会三类评价标准和体系，从不同的视角来反映学生素质及高等教育质量，更具客观性和真实性。

其次要求评价内容的多元化。随着经济社会的不断变革发展，学科之间的壁垒逐渐被打破，学科交叉和融合成为趋势，社会对大学生的期望也逐渐从传统的专业人才到复合人才和创新人才。因此，教学和评价的内容也要对此做出回应，使学生不再局限于学习本专业的知识，通过评价内容的多元化来敦促学生掌握更加广泛的知识，具备更完善的素质和能力。

二是加大对高校学生评价方面的财政支持力度。完善学生评价制度是一个不断前进的过程，耗时长、见效慢，不仅需要人员的投入，还需要资金的保障。在一般情况下，学校的资金大部分来源于国家的拨款，在国家财政拨款提供基本保障的基础上，学校可以借助社会资源保障评价活动拥有充足的运行资金。

三是增加实践评价比例。面对评价中存在的理论与实践不平衡的现象，要从根本上优化课程设置比例，合理调整理论与实践的课程比例，注重教学方法的改进。理论课和实践课在教学中所占的比例应该相近，不能过度偏向其中一方。而且，鉴于当下法学教育实践课程设计不合理的情况，要对实践教学的过程不断优化，对实践过程的每个环节都设立严格的测评标准，保质保量地进行教学活动。完善高校学生评价制度，以促进学生发展为最高目标，对满足社会发展需要、提高学生的专业竞争力具有重要意义。

（三）通过制度保障教学改革和教学目标的有效落实

不少优秀的法学院都制定了《法学院本科教学大纲管理规定》《法学院本科教学教材、教参管理规定》《法学院本科教学听课制度》《法学院本科教学优秀课程评选规定》《法学专业基础课教学大纲》等一系列教学文件和教学管理规章制度，以及《法学人才培养模式改革实验导师制度实施办法》《法学人才培养模式改革实验班主讲教师助手实施办法》等来保障教学改革的实施。覆盖了教师授课管理、听课制度、考试过程、毕业论文的要求等方面，来保证教学目标的实现。这种通过制度建设保障改革和教学目标有效落实的制度值得我们借鉴。

（四）加强师资队伍建设，提高教师实践教学能力

应用型本科高校师资队伍建设是影响教育教学质量的重要因素。应用型本科高校要长远发展，必须建立一支稳定、有发展潜力的师资队伍。强化学生的实践应用能力，首先要强化教师的实践应用能力。应用型本科高校要建立长效的培养机制，应培养一支具有丰富实践经验的"双师型"教师队伍，有计划地安排部分专职教师接受实践环节的培训。甚至集中一个阶段进行较长周期的实地工作，让教师熟悉实践过程。

只有这样，才能让学生更加紧密地接触实际工作中的问题，使学生对所学的知识有更加直观的认识，培养学生的实践应用能力。教师在提高自身实践能力的基础上，才能真正培养出合格的应用型人才。在科学技术发展迅速的今天，专业知识也在不断更新换代，教师只依靠一次性的培训是远远不够的。学校应当合理安排教师的教学工作，保证教师每学年有相对固定的时间可以进行实践培训，同一专业教师可以轮流参加培训，保证教师实践应用能力整体提高。此外，为了加强应用型本科高校师资队伍建设，学校也要建立双导师制，聘请企业导师入校参与教学。这样不仅可以提高企业工作人员的专业理论水平，也可以通过这种人才共享的形式，搭建校企教师之间相互学习交流的平台。企业导师在应用型本科高校的教育教学过程中，可以充分发挥自身企业工作背景的优势，在培养学生实践应用能力的过程中可以理论联系实际，让学生在理论中开启实践，在实践中验证理论。此时，可以通过学情分析，从学生角度反馈校内和企业教师教学的情况，检验双导师制在教育教学过程中的优点和不足，及时调整，及时改进，从而提高应用型本科高校的教育教学质量。

此外，完善教师评价系统。提升高校教师的教学水平，当然是与诸多因素密切相关的。但关键是要构建科学合理的教师评价体系。目前高校的教学评价，主

要围绕学生评教、督导评价、教研室主任评价、领导评价等环节进行。但是上述环节更侧重于学生评教的方式，其余各个环节大多流于形式，基本上都未真正实施。而学生评教中的学生主观因素，如教师过于严格、教师对学生期末综合成绩评分不高等因素，都有可能影响学生对教师的评教。这不能正确反映教师的教学质量。对于法学院教师而言，大部分教师都是双师型教师，应积极倡导本院教师在课堂上将理论知识与社会实践密切结合。因此，应构建符合法学专业特点、充分体现法律职业教育的教学评价体系。首先，要正确贯彻实施督导评价、教研室评价、领导评价等环节。其次，建立教师信息化管理与评价系统。可以有效地运用校园网络构建系统的、合理的网上评价体系，必要时可以邀请校外具有丰富教学经验的教师和企业专业人员等对教师的教学工作进行评价，多途径、全方位地完善评价的机制。这不仅可以使高校通过信息化的网络表现手段实时了解教师教学过程中存在的问题，及时监控教师的教学质量，而且可以对采集到的信息进行全面分析和总结，进而对其中的决策进行调控。

三、学校层面的法学教育质量保障措施

（一）丰富高校法治教育的内容

1.结合各地实际生活需要，增加实用的法律知识

目前的法治教育内容缺少实用的法律知识。因此，法治教育的内容要增加实用的法律知识，特别要结合各地区经济社会发展的差异，对不同地区应差异化地增加与当地实际生活相适应的实用的法律知识。一方面要增加全国普遍实用的法律知识，如《中华人民共和国劳动法》《中华人民共和国合同法》《中华人民共和国侵权责任法》《中华人民共和国婚姻法》《中华人民共和国刑法》等专题法律。增加全国普遍实用的法律知识内容要特别注意对增加的法律知识要有所筛选，仅增加满足生活需要的法律知识，不宜盲目扩大法治教育的内容。对于非法律专业的高校学生，不是要培养专业的法律人士，而是要培养符合法治教育要求、符合实际生活需要的具有法治理念、法律知识及具有处理法律问题能力的公民。在实际教育教学中，要根据学生需要教授法律知识，如可具体学习与房屋、土地等有关的法律知识来满足学生未来实际生活的需求。另一方面，结合各地的实际情况调研，各地可以增加当地实际发展需要的法律知识，特别在边境地区的高职院校，应增加满足边境地区经济与社会发展需要的实用法律知识。

2. 增加行业相关法律知识和能力的培养

行业法律法规在实际的工作中具有很强的实用性。在全面推进依法治国的过程中，要求每一个个体都具备法治素养、法律知识，每一个行业的工作人员都要有较好的行业专业素养。行业专业素养包括行业相关法律知识的应用和相关能力的培养。高校要培养应用型的人才，行业法规的应用能力是应用型人才的培养要求之一。以医学类专业为例，医学类专业增加教授医疗类的行业法律法规知识，主要是具体的医学专业法律知识规定及常见的医疗纠纷案例的处理原则、处理过程及注意要点等内容。通过学习具体的规定和常见案例的正确处理方法，使学生掌握相关的知识和具备应对突发事件的能力。针对具有地方特色的专业，如烟草专业、煤炭相关专业、锡工业相关的专业，可以结合实际的生产增加行业法律知识的学习，如增加与烟草有关的法律知识和案例的学习，增加与自然资源有关的法律知识和典型案例等学习内容。

3. 增加实用的程序法教学内容

程序法的学习非常重要，只有程序公正才能有实体公正。在高校的法治教育中要加强程序法教学内容，以使学生更好地应用法律知识。随着各地区经济发展和社会生活交往的跨地区化，在法治教育过程中要适当增加实用的程序法的内容，重点为法院的民事案件的管辖及日常生活常用的程序法法律知识，如在实践中常用的合同纠纷的受诉法院的规定内容、劳动争议解决处理流程内容等。有关调研发现程序法是最容易被忽略的部分，而在实际生产生活中对程序法的掌握是非常重要的。以农村常见的土地纠纷为例，对农村的土地承包经营权纠纷的处理与普通的处理程序不同，学生若未具备土地承包经营权的纠纷处理流程知识，在长远上来看不利于问题的解决。劳动争议纠纷常涉及劳动仲裁前置，学生若不了解程序法的规定，在将来需要维权时会增加维权的成本和影响处理问题的效率。

4. 增加针对消除"地方负面习惯"的法治教育内容

"地方负面习惯"指的是地方存在习惯与法律规定宏观不一致，进而对法治教育产生负面的影响。在存在习惯与法治教育内容有宏观不一致的地区，要针对性地增加法治教育的内容。法治教育教师可以先对学生构成进行分析，并通过一定的调研判断地方负面习惯存在的程度和具体习惯的内容，根据学生已有的观念针对性地增加法治教学内容。习惯是学生已经形成的观念，在法治教育过程中要消除学生已有的观念，就需要增加理念理论教学内容、具体的法律规定内容、分析法律规定合理性的内容等，力求通过法治教育使学生认同并且完全接受对应的法治教育内容。

（二）营造良好的法学校园文化

高等学校校园文化建设的主要任务是：①以理想信念教育为核心，深入进行正确的世界观、人生观和价值观教育；以爱国主义教育为重点，深入进行民族精神教育；以基本道德规范为基础，深入进行公民道德教育；以大学生全面发展为目标，深入进行素质教育。②重视和加强校风建设，培育良好的教风和学风，形成对教职工具有凝聚作用、对学生具有陶冶作用、对社会具有示范作用的优良校风。③积极开展校园文化活动，把德育与智育、体育、美育有机结合起来，寓教育于文化活动之中，促进大学生思想道德素质、科学文化素质和健康素质协调发展。④加强校园人文环境和自然环境建设，营造精神内涵丰富的物质文化环境，努力营造良好的育人氛围。

高校校园文化以其所蕴含的精神因素、信念因素、道德风尚等，作为一种文化氛围而弥漫于师生之间。在高校文化的构建中，物质文化是基础、行为文化是载体、制度文化是保障、精神文化是核心。良好的校园文化具有重要的育人功能，在教育、引导、激励大学生健康成长方面具有重要作用。所以，还应当积极探索校园法学文化的建设途径，创造法学校园文化。

（三）开发网络信息平台来辅助法学教学

知识经济时代，信息方面的知识和能力已构成法学人才培养的重要内容。网络信息平台辅助法学教学，是指将网络作为法学教学活动的辅助手段来实现法学教学过程的教学模式。如1985年产生于北京大学法律系的"北大法宝"数据库，集法律检索、司法案例、法学期刊、法律英文译本于一体，其中的法律英文译本数据库，译文包括北京大学法律翻译研究中心翻译的文本、国家立法机关提供的官方译本及经有关机构授权使用的译本。这些重要的教学和学术资源应当被重视和有效利用。

（四）走法学教育国际化道路，努力培养高端法律人才

将法学教育国际化，既能避免国内高校的同质化竞争，又能解决我国法学高端人才缺乏的问题。有条件的法学院应当高度重视国际交流与合作，注重提升学院办学的国际化水平，积极向国际化方向迈进。可以与国外大学及港澳台地区大学法学院、知名跨国公司及公益机构签署合作交流协议，构建国际学术合作的基

本平台和关系框架，内容涵盖学术交流、科研合作、教材编写、交换学生、攻读学位等方面。

还可以与国外大学合作举办"中美欧国际学生交换项目"，接收外国学生来国内学院学习交流。学院也可派出研究生、本科生赴对方院校学习并按照协议取得学分。与"国际司法桥梁""亚洲基金会"等国际组织开展合作，推动法学院系"法律诊所教育"和学生实践活动；定期派出法学教师到国外大学的法学院做访问学者，或参加国际会议，或开展不同领域、不同形式的学术访问和交流活动。通过多种国际交流形式，努力培养高层次法律人才。

（五）构建应用型人才培养模式

在全国高校思想政治工作会议上，习近平总书记强调高校思想政治工作关系高校"培养什么人、怎样培养人、为谁培养人"的根本问题。应用型本科高校在探索人才培养模式的过程中，也可以从这几个方面出发理清思路。由培养理念和办学定位决定培养目标，根据培养目标设计确定培养规格，按照培养规格设置课程体系及课程内容，并采取一定的教学方法，将培养出的人才输送到社会。采用学情分析的方法，从毕业生角度入手了解社会对人才培养质量的反馈，学校可以进一步优化培养定位、培养目标、培养规格、培养内容和培养手段。结合应用型人才培养目标，应用型本科高校要积极探索构建"学历教育＋工程认证""3+1"等培养模式，强化理论教学与实践应用相结合。

在课程体系建设方面，应用型本科高校要紧密联系行业企业的需求，在专业理论知识够用的基础上丰富课程类型，开设培养实践应用能力的课程。同时，可以将校企合作开展的实际案例和项目转化成实践课程或课程模块。在实践教学中尝试开发与企业对接的特色课程，为当地经济发展输送应用型人才。结合"宽基础、强应用"的特点，应用型本科高校在教学过程中也要解放思想、拓宽思路，酌情减少理论性较强的教材，适当选用理论结合实践、理论结合案例的教材或参考书。鼓励教师根据学生特点和人才培养目标，结合行业需求尝试自主编写实践教学讲义。

在教学方式方法方面，应用型本科高校通过阶段性的学情分析，掌握学生的学习诉求和对知识的获得感，积极探索改革与创新，采取多元化的授课方式，尝试讨论式教学、案例式教学、线上线下混合式教学等不同形式。教师可以将科学研究项目融入课堂教学内容，也可以将其作为实验、毕业设计等实践教学的研究题目和方向，充分调动学生学习的积极性，提高学生训练实践应用能力的热情。

在实际项目的带动下使学生感觉学有所用，从而提高应用型本科高校教育教学质量。

在考核方式方面，应用型本科高校也要大胆进行改革。适当调整平时成绩所占比例和课程考核形式及内容，增加阶段性考核评价，引导学生重视学习过程和能力培养。在理论知识考核中，增加开放性试题，让学生运用所学的理论知识解决实际问题。开放性试题采取开放式评阅的形式，没有标准答案。对于实践类课程的考核，可以聘请企业导师共同参与考核，例如参与课程的答辩环节等，从企业需求和实际经验的角度对学生的实践应用能力进行评估。通过考核过程反映学生学情，从而指导人才培养全过程的改革和创新，提高应用型本科高校教育教学质量。

（六）深化校企合作，提高校企协同育人质量

校企合作是应用型本科高校从行业需求和地方区域经济发展需要出发，为培养符合社会需要的应用型人才、寻求自身长远发展而建立的一种合作机制。应用型本科高校要加强与企业的紧密合作，建立双向畅通的合作渠道，使高校师生走出去、企业导师请进来。在课程体系建设和考核评价等方面，高校要积极聘请企业导师参与应用型本科高校的课程体系建设，共同制订符合人才培养目标的人才培养方案，将学生应用能力的培养与行业标准紧密结合，尝试进行专项能力的培养。

针对合作企业的岗位需求设立实验班，由企业开设课程并设计课程内容及考核评价标准，实现学分互认。高校阶段性地聘请企业导师进校开展讲座，介绍行业最新形势和前沿技术，提高学生的专业认知，提高学生专业学习的兴趣。通过校企合作，企业每年预留实习岗位安排学生开展实习。

此外，企业和高校教师也要建立紧密的合作关系，高校教师通过开展科学研究服务企业，企业通过开展师资培训提高教师的实践教学能力。校企合作双方共建实验室和实践基地，将企业先进的技术与实践案例搬进高校，加强学生的实践能力和应用能力培养。在校企合作过程中，应用型本科高校也要阶段性回访学校毕业生，开展学情分析，通过毕业生步入社会、走上工作岗位后的工作状态和情况反馈学校的教育教学效果。

四、政府教育部门的法学质量控制措施

（一）建立法学院系创办"门槛"机制

教育行政确认，是指教育行政机关对相应的法律地位、法律关系和法律事实进行鉴别、给予确定，证明并予以宣告的具体行政行为。

教育行政许可是教育行政管理的一种有效控制管理手段，首先通过禁止人们在某些教育领域内活动，然后规定标准、条件，允许符合最低条件的相对人从事这些活动。教育行政确认与教育行政许可是同一教育行政行为的两个步骤：一般是确认在前，许可在后。教育部门首先应对申请开办法学教育院系的校舍面积、师资、设备等是否符合教育法中规定的标准进行确认，对符合确认条件的院系才能赋予他们办学教育的许可。

教育行政确认和教育行政许可是教育行政权有效干脆地控制法学教育"门槛"的重要机制。对于法律人才培养数量，在法治发达的国家往往会进行数量上的严格控制，同时一个国家法学教育质量的高低会直接影响国家司法活动质量和法治程度的高低。高校法学教育的质量已经引起国家有关方面的重视。今后，教育部应加强对法学教育办学许可的监管，对不符合办学要求的坚决不授予办学许可，对现有法学专业学院（系、校）达不到法学教育评估标准的院校，将责令其整改，控制其招生规模。

关于考核法学院（系、校）的基本标准，要从专业、教学、师资、科研、图书、外事、生源、毕业、经费和管理十个方面进行定量考核。这十个方面是衡量大学教育质量的重要指标，也是法学院办学质量必不可少的条件。虽然上述指标未正式确立，其科学性尚待论证，但是对实现法学院建设的标准化、制度化，以及有效保障我国的教育教学质量有重要的指导意义。

（二）充分发挥教育行政指导的作用

教育行政指导，是指教育行政机关在其职能、职责或管辖事务范围内，为适应复杂多样的经济和社会管理需要，基于国家的法律精神、原则、规定或政策，适时灵活地采取指导、劝告、建议等非强制性方法，谋求行政相对人同意或协力，引导其做出或不做出某种行为，以有效实现行政管理目的的行政活动。它是与教育行政处罚、教育行政许可、教育行政确认等方式并列的一种教育行政管理方式。

国务院《全面推进依法行政实施纲要》提出："充分发挥行政规划、行政指导、行政合同等方式的作用。"行政指导是一种柔性、灵活和有效的教育行政管理方

式，有利于进一步深化教育行政管理部门的服务职能，创新教育管理方式；促进监管和服务的统一，维护教育行政管理相对人的合法权益；有利于提高教育执法水平，促进教育行政管理水平的提高，实现以人为本、行政为民的现代行政法治目标。法学教育行政指导可以在以下方面发挥作用。

一是建立科学完备且具有可操作性的法学教育质量评估体系。拥有科学完备且具有可操作性的法学教育质量评估体系，不仅可以有效抑制法学院系的过度过快增长，而且可以有效保障法学教学质量。国家教育机构应当定期发布"法学教育评估指数"，"法学教育评估指数"标准由以下几方面指标组成：一是教学能力（含法学师资人数、法学师资结构、学科门类、职称和学历、教材建设等）；二是科研能力（含专著论文数、科研项目数、获奖数、科研到款数、图书资料数）；三是管理能力（含管理人员专业知识水平、服务能力、决策能力、执行能力、监控能力）；四是区域合作能力（含参与法学区域教学联合体建设的师资人数、课时数、学生人数、建立并执行统一的技术规范、各高校深度共享课程资源的能力），以指导法学院系的规范化建设。

二是及早为法学院系提供法学教育预警机制。目前，我国法学教育种类繁多，主要有法学博士、硕士、本科、大专、中专五个层次。法学博士方向有民商法、诉讼法、宪法与行政法、环境法、刑法、国际法等专业方向。硕士有法律硕士和法学硕士之分，法学硕士又有民商法、诉讼法、宪法与行政法、环境法、刑法、国际法等专业方向。对于法律硕士，本科法学专业和非法学专业的学生都可以报考。本科学位有法学专业、有双学位专业，有复合型法学人才、有应用型方向的法学人才。那么到底是哪个方向的法学人才就业困难？教育部门应会同有关部门做进一步的调查，建立法学专业预警机制，定期发布"红黄绿牌"专业方向。

红牌专业为连续两年位居全国失业率前3名或失业量前3名，为高失业风险型专业方向；黄牌专业是除红牌专业外在全国应届毕业生失业率和失业量中上升最快的前3名的专业；绿牌专业是就业率高居全国专业前3名，并且就业率或薪资增长最快的前3名中的专业方向，为需求增长型专业方向。三级管理体制应针对专业失业情况来分析和调整，对红牌专业进行限制，对黄牌专业给予警示，对绿牌专业给予发展，指导法学院系的办学发展方向。迫使法学院系关注自己的办学目标和办学方向。

三要发挥法学考试评价制度和人才评价制度的导向作用。考试评价的指挥棒要指向全面素质教育，教育评价全面了，教育便容易全面；教育评价关心素质，教育便也关心素质。制定科学、多元的评价标准，开展由政府、学校、家长及社会各方面参与的教育质量评价活动，运用多种灵活的评价方法引导学生实现全面而有个性的发展。改进人才评价及选用制度，为人才培养创造良好制度环境，建立以品德、能力和业绩为导向的科学化、社会化人才评价机制，改变社会用人单纯追求学历的倾向。按照《国家中长期教育改革和发展规划纲要（2010—2020年）》提出的"坚持能力为重优化知识结构，丰富社会实践，强化能力培养。着力提高学生的学习能力、实践能力、创新能力"要求来培养法学人才。

（三）构建我国法学教育的问责制

构建我国法学教育的问责制，需要借鉴美国、英国等国家的经验做法。教育问责制就是对教育行政部门（或其委托授权组织）及其责任人履职情况进行合理性质询或责任追究的制度，同时也是要求教育工作者以培养高素质的学生为目的，以履行对公众的教育承诺为己任，以追求效能为要求，最终接受责任追究的一种管理机制。其实施有利于增强教育管理者、教育工作者的责任意识，促进我国法学教育的良性发展。

（四）完善法学教育评估制度

随着法学教育规模的扩张，人才质量愈发不尽如人意，人们越来越意识到法学教育质量评估的重要性。虽然国家、地方对大学的教学评估工作从 20 世纪末就展开了，但由于缺少可执行的评估标准和必须评估的硬性规定，作为提高教学质量重要手段的法学教育评估制度不能充分发挥其应有的功能。全面、系统地落实法学教育质量观，完善法学教育评估制度是当今法学教育的发展出路之一。为此，需要做好以下工作：一是从法学教育的生源、师资、培养、组织和办学条件等因素出发制定法学教育质量评价标准。二是建立法学教育评估考核机制，对法学院系实行定期考核。如按人才培养模式，可将法学院系分为学术型、实务型、特色型，在这几种类型之下再分设精英型和普通型。达到精英型标准的普通型法学院系可升级为精英型法学院系；达不到普通型标准的法学院系予以撤销。三是建立政府、法学教育机构、学生、中介组织等主体全面参与的法学教育评价机制。通过内、外部评价主体的评价反映，建立对法学教育的良性反馈机制，保证法学院系的教育适应社会市场对法学教育人才的需求。

参考文献

[1] 郭捷．中国法学教育改革与法律人才培养：来自西部的研究与实践 [M]．北京：中国法制出版社，2007．

[2] 张朝霞．法学教育改革与法学人才培养模式创新研究 [M]．兰州：甘肃人民出版社，2011．

[3] 梁津明．法学教育改革与探索：应用型法律人才培养的新视角 [M]．北京：法律出版社，2010．

[4] 米新丽．首都法学教育研究（6）[M]．北京：对外经济贸易大学出版社，2017．

[5] 孙仲玲，耿明．法学教育教学改革探索 [M]．昆明：云南大学出版社，2012．

[6] 杨宗科．论"新法学"的建设理路 [J]．法学，2020（7）：66-83．

[7] 蒋银华．多元一体化：法治人才培养的实现机制：基于改革开放 40 年法学教育的经验总结 [J]．广州大学学报（社会科学版），2020，19（1）：88-102．

[8] 刘同君．新时代卓越法治人才培养的三个基本问题 [J]．法学，2019（10）：137-148．

[9] 黄进．新时代高素质法治人才培养的路径 [J]．中国大学教学，2019（6）：20-26．

[10] 刘坤轮．中国法学教育改革的理念层次：深埋在"卓法计划 2.0"中的金丝银线 [J]．中国大学教学，2019（6）：38-43．

[11] 卢春龙．"四型人才"导向的"四跨"：中国政法大学法治人才培养新模式 [J]．政法论坛，2019，37（2）：23-29．

[12] 刘坤轮．"学训一体"法律职业伦理教学模式的实践与创新 [J]．政法论坛，2019，37（2）：30-37．

[13] 郜占川．新时代卓越法治人才培养之道与术 [J]．政法论坛，2019，37（2）：38-46．

[14] 徐显明，黄进，潘剑锋，等．改革开放四十年的中国法学教育 [J]．中国法律评论，2018（3）：2-27．

[15] 王新清.论法学教育"内涵式发展"的必由之路：解决我国当前法学教育的主要矛盾 [J].中国青年社会科学，2018，37（1）：8-18.

[16] 刘风景.法治人才的定位与培养 [J].南开学报（哲学社会科学版），2017（5）：1-8.

[17] 于志刚.法治人才培养中实践教学模式的中国探索："同步实践教学" [J].中国政法大学学报，2017（5）：38-51.

[18] 廖永安，段明.中国法学教育的供给侧改革 [J].湖南社会科学，2017（4）：53-60.

[19] 曹文泽.司法体制改革背景下高校法治人才培养机制的创新 [J].法学，2017（7）：3-10.

[20] 刘剑文.供给侧改革下法学本科核心课程的结构调整 [J].政法论丛,2017（3）：32-42.

[21] 王晨光.法学教育改革现状与宏观制度设计：日韩经验教训反思与中国改革刍议 [J].法学，2016（8）：58-73.

[22] 邓世豹.超越司法中心主义：面向全面实施依法治国的法治人才培养 [J].法学评论，2016，34（4）：34-40.

[23] 杨翔，廖永安.论法治实践部门在法治人才培养中的责任主体地位 [J].政法论丛，2015（6）：117-122.

[24] 焦富民."法治中国"视域下法学教育的定位与人才培养机制的优化 [J].法学杂志，2015，36（3）：42-51.

[25] 蒋悟真，黄越.依法治国与法治人才培养机制的创新 [J].江西财经大学学报，2015（1）：121-128.

[26] 司文超.大学生法治素养培育研究 [D].武汉：武汉大学，2020.

[27] 李红玲.当代大学生法治思维培育研究 [D].哈尔滨：哈尔滨师范大学，2019.

[28] 于景成.大学生法律素质教育问题研究 [D].长春：东北师范大学，2018.

[29] 孟鹏涛.中国高校法治教育问题研究 [D].长春：吉林大学，2017.